庠序有匠　七秩逐梦

——纪念昆明工业职业技术学院建校70周年

唐琳琳　潘苏芸　编著

中国商业出版社

图书在版编目(CIP)数据

庠序有匠　七秩逐梦：纪念昆明工业职业技术学院建校70周年 / 唐琳琳，潘苏芸编著. -- 北京：中国商业出版社，2025. 3. -- ISBN 978-7-5208-3319-6

Ⅰ. G719. 287. 41

中国国家版本馆 CIP 数据核字第 20254JZ618 号

责任编辑：蔡　凯

中国商业出版社出版发行

(www. zgsycb. com　100053　北京广安门内报国寺 1 号)

总编室：010-63180647　编辑室：010-83114579

发行部：010-83120835/8286

新华书店经销

安徽中皖佰朗印务有限公司印刷

*

880 毫米×1230 毫米　16 开　9. 75 印张　237 千字

2025 年 3 月第 1 版　2025 年 3 月第 1 次印刷

定价：58. 00 元

* * * *

(如有印装质量问题可更换)

编委会

目 录

校　训

学以致用　德优技高

校　风

教真育爱　知行合一

教　风

乐教善导　德技并进

学　风

笃学践行　百炼成钢

办学理念

为学生成长赋能　为社会发展增值

办学特色

校企一体　铸钢铸才

学校概况

昆明工业职业技术学院是昆明钢铁控股有限公司（以下简称昆钢）成立的一所办学特色十分鲜明的公办高职院校，至今已有70年的职业教育办学历史。

学校是首批中国特色高水平专业群建设院校、云南省首批“双高计划”建设院校；主办的云南工业职业教育集团是教育部第一批示范性职业教育集团（联盟）培育单位，是“云南省省级示范高职院校”“云南省特色高职院校”“云南省优质高职院校”“全国毕业生就业典型经验高校”（全国就业50强）和“全国首批100所现代学徒制试点高职院校”“教育部中国特色学徒制教学指导委员会副主任委员单位”“云南省职业技术教育学会会长单位”“中央电化教育馆职业数字校园建设实验校”“云南省文明单位”“云南省文明学校”“云南省平安校园”。

学校现有全日制在校学生近15000人，下设10个职能管理部门、8个二级学院和马克思主义学院（通识与素质教育学院），以工学、管理学、教育学为主要学科，开设有12个大类的58个专科专业；学校“双师型”教师超过80%。学校建有校内外实训室及实习教育基地168个，云南省级名师、技能大师工作室6个，省级优秀教学团队3个，全国行业职业教育教学指导委员会副主任单位（冶金）1个，云南省高等学校教学指导委员会、行业职业教育教学指导委员会主任单位各3个，副主任单位2个，牵头成立云南省产教融合共同体3个，主导和参与云南省市域产教联合体3个。

历史沿革

昆明工业职业技术学院的前身是1955年4月3日创办的昆钢职工业余学校。随着昆钢的不断发展，学校历经昆钢幼教中心、昆钢党校、昆钢技工学校、昆钢职业技能培训中心、昆钢职工大学和云南广播电视大学昆钢分校的管理整合，于2002年5月，报经云南省人民政府批准，教育部备案，改制组建为昆明工业职业技术学院。

半个多世纪的历史征程，七十载的办学实践，学校坚持“为学生成长赋能、为社会发展增值”的办学理念，秉承“学以致用，德优技高”的校训，按照“职业学历教育+职业技能培训”的发展定位，形成了“校企一体、铸钢铸才”的办学特色。学校现已发展成为特色鲜明、省内一流，具有一定影响力的高等职业院校，在学历教育和职工培训上铺就了一条普通高等职业教育特色发展之路，至今已累计为社会、企业培养了16万余名技术技能和管理人才。

七秩秋月　芳华绽放

1955年4月3日，昆钢职工业余学校正式开始学习，溯源历史，学校成立日确定为1955年4月3日，并写入学校章程。

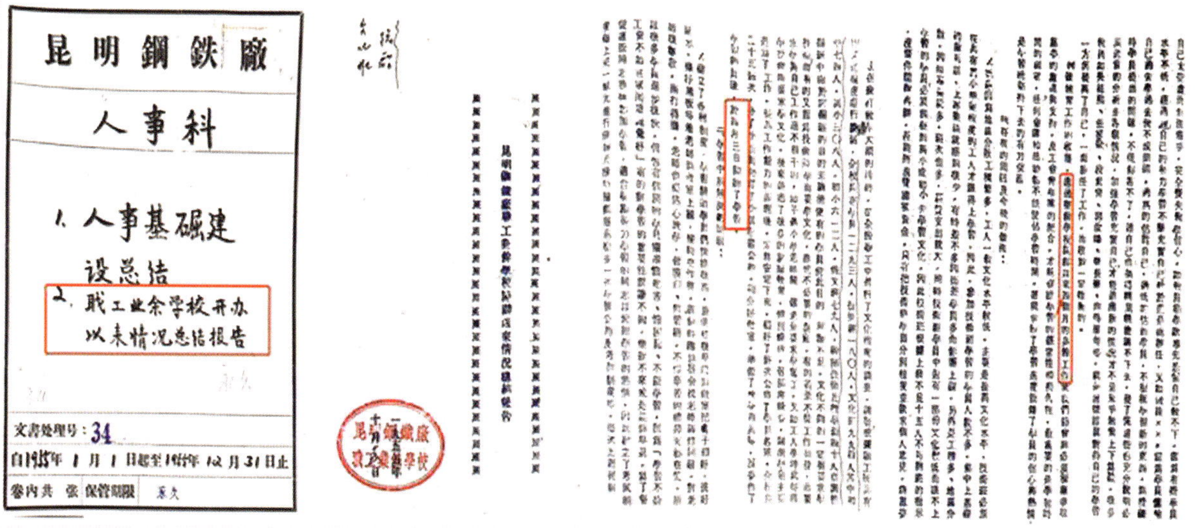
昆明鋼鐵廠
人事科
1. 人事基礎建設总结
2. 職工业余学校开办以来情况总结报告
文書處理号：34
自1955年1月1日起至1955年12月31日止
卷内共　張　保管期限　永久

1959 年 2 月，昆钢业余党校成立，同年 12 月，昆钢党校正式成立

1960 年 7 月，昆钢技工培训班成立。1964 年 5 月，昆钢开办技工学校

1976 年 7 月，开办“七·二一”工人大学。1978 年，“七·二一”工人大学更名为“云南省广播电视大学昆钢教学班”，自此正式开始培养国家承认大专学历的电大学生

1980 年 1 月，再次成立“昆钢职工业余学校”。1981 年 8 月，云南省冶金工业厅批准“电大昆钢教学班”定名为“昆钢职工技术培训学校”

1982 年 8 月，成立昆钢职工培训中心，电大教学班、技工学校、职工业余学校、党校由职工培训中心统一管理

省冶金工业厅文件

冶教字（84）第56号

对昆明钢铁公司申请建立广播电视大学分校的批复

昆明钢铁公司：

关于你司申请建立电大分校的报告收悉。

根据云南广播电视大学的有关规定，经研究，同意建立云南广播电视大学昆明钢铁公司分校，简称昆钢电大分校。望你们加强对电大的领导，加快分校办学基地的建设，充实办学条件。配好分校领导干部，充实师资力量。提高可资队伍的素质，完善教学手段，制订管理办法，建立、健全机构及规章制第，不断提高教学质量，使昆钢电大分校成为职工高等教育的实体。

1984年8月，云南省冶金工业厅批准建立“云南广播电视大学昆钢分校”

1985 年 3 月 7 日，云南省政府办公厅批复，批准成立“昆明钢铁公司职工大学”

1985 年 9 月，“云南广播电视大学昆钢分校”与“昆明钢铁公司职工大学”“两块牌子，一套班子”

劳人字（98）084号

关于成立昆明钢铁总公司职工培训教育中心的通知

总公司各二级单位：

经总公司研究决定：

一、成立昆明钢铁总公司职工培训教育中心；

二、职工培训教育中心、党校、电大、职大实行统一办学，统一管理。

昆明钢铁总公司

一九九八年四月十五日

1998年4月，成立昆钢职工培训教育中心，职工培训教育中心、党校、电大、职大“四块牌子，一套班子”

关于将技工学校并入职工培训教育中心统一管理的通知

集团公司各二级单位：

为加强职工培训教育工作，进一步做好专业技术人员的继续教育，技术工人的职业技能培训和富余职工的转岗、轮岗培训，全面提高职工队伍素质，经集团公司研究决定将技工学校并入职工培训教育中心统一教学，统一管理，以集中师资力量和设备场地，充分、合理地利用数学资源。

技工学校并入职工培训教育中心后，培教中心的机构设置另报集团公司编制委员会批准。技工学校的名称不变。请做好相关的对口衔接工作。

特此通知。

昆明钢铁集团有限责任公司

2000年7月18日

2000年7月，职工培训教育中心、党校、电大、职大、技工学校“五块牌子，一套班子”

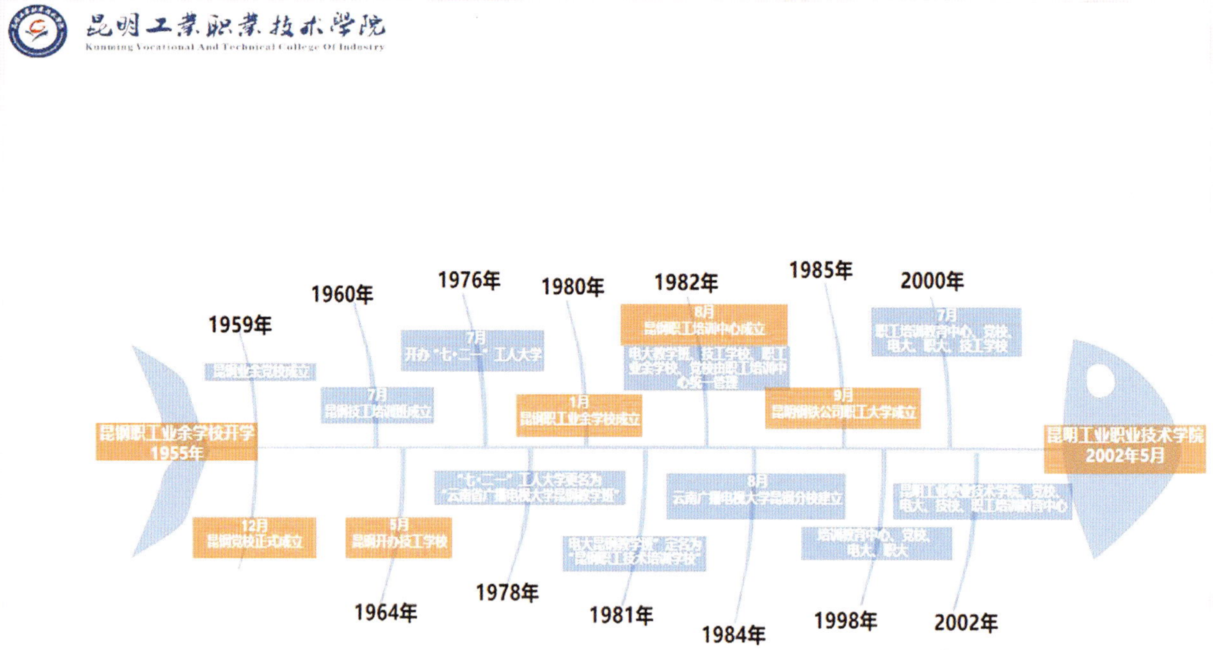

1955 年至 2001 年，这一阶段是学校面向企业的职业教育阶段，主要以“企业职工培训为主，高等职业教育为辅”，旨在为企业培养高级技术技能人才为目标

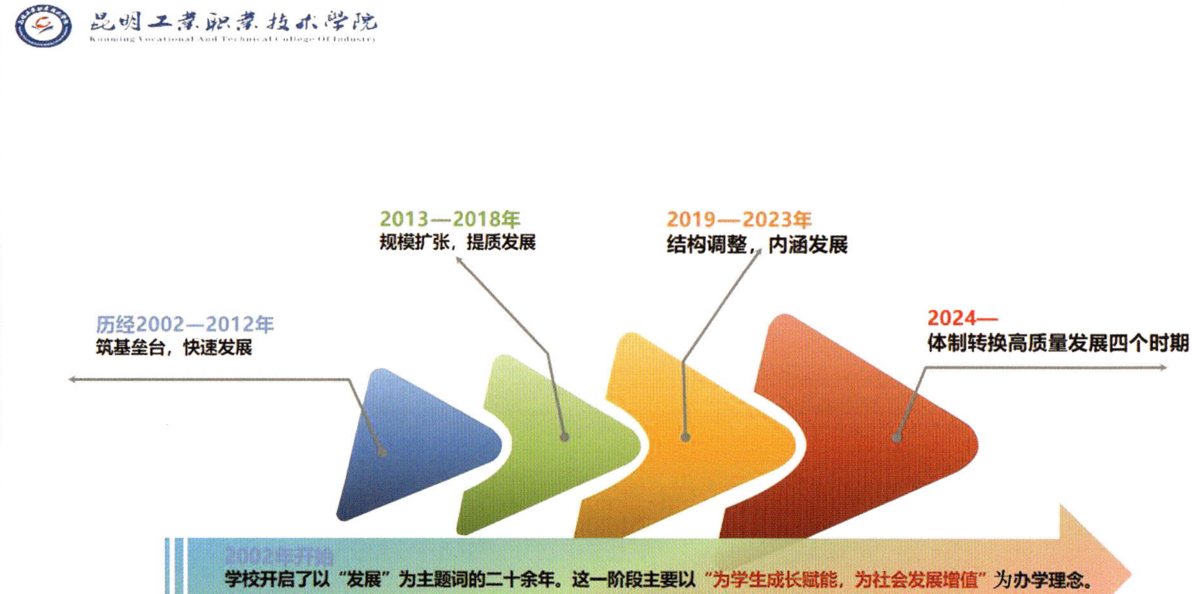

2002 年，学校开启了以“发展”为主题词的二十余年。这一阶段主要以“为学生成长赋能，为社会发展增值”为办学理念

云南省人民政府（批复）

云政复〔2002〕49 号

云南省人民政府关于同意组建
昆明工业职业技术学院的批复

2002 年 5 月 13 日，经云南省人民政府批准、教育部备案“昆明钢铁公司职工大学”改制为“昆明工业职业技术学院”。实施昆明工业职业技术学院、昆钢党校、云南广播电视大学昆钢分校、昆钢技工学校与昆钢职业技能培训中心“五块牌子，一套班子”的运行模式

1951 年成立的昆钢幼儿园，2007 年 10 月并入职工培训教育中心

云南省教育厅文件

云教职〔2008〕35号

云南省教育厅关于对组建云南工业职业教育集团予以备案的通知

2008 年 9 月 1 日，以昆钢为主体、学校为龙头组建的“云南工业职业教育集团”正式挂牌成立，标志着学校“校企合作、产教融合”步入快速发展阶段

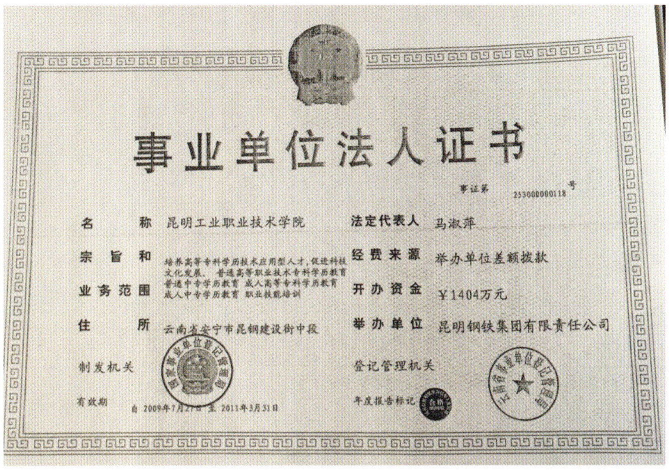

事业单位法人证书

事证第 253000000118 号

名　　称　昆明工业职业技术学院
法定代表人　马淑萍
宗旨和业务范围　培养高等专科学历技术应用型人才，促进科技文化发展。普通高等职业技术专科学历教育 普通中专学历教育 成人高等专科学历教育 成人中专学历教育 职业技能培训
经费来源　举办单位差额拨款
开办资金　￥1404万元
住　　所　云南省安宁市昆钢建设街中段
举办单位　昆明钢铁集团有限责任公司
制发机关
登记管理机关
有效期　自 2009年7月27日 至 2011年3月31日
年度报告标记

2009 年 7 月，学校取得昆明工业职业技术学院事业单位法人证书

2012 年 12 月，学校新校区建设启动

2013 年，幼教中心取得了“云南省公办幼儿园办园资质”。2019 年明确“幼教中心由昆明工业职业技术学院托管”

2014 年，新校区正式投入使用，全面开启学校高质量发展新篇章

2015 年，学校在校生人数突破 10000 人。2018 年，学校在校生人数突破 16500 人。同年，学校入围全国首批 100 所现代学徒制试点高职院校，并荣获全国毕业生就业典型经验高校“50 强”高校称号

2019 年 12 月，学校成功入围中国特色高水平高职院校高水平专业群建设院校。2020 年学校牵头的云南工业职业教育集团入围国家首批示范职教集团。2021 年成为云南省“双高”建设院校

信息名称： 教育部 财政部关于公布中国特色高水平高职学校和专业建设计划建设单位名单的通知
信息索引： 360A07-06-2019-0038-1　**生成日期：** 2019-12-13　**发文机构：** 教育部 财政部
发文字号： 教职成函〔2019〕14号　**信息类别：** 职业教育与成人教育
内容概述： 教育部、财政部公布《中国特色高水平高职学校和专业建设计划建设单位名单》。

教育部　财政部关于公布中国特色高水平高职学校和专业建设计划建设单位名单的通知

教职成函〔2019〕14号

各省、自治区、直辖市教育厅（教委）、财政厅，各计划单列市教育局、财政局，新疆生产建设兵团教育局、财政局：

根据《教育部 财政部关于实施中国特色高水平高职学校和专业建设计划的意见》（教职成〔2019〕5号）和《中国特色高水平高职学校和专业建设计划项目遴选管理办法（试行）》（教职成〔2019〕8号），经高职学校自愿申报，省级教育行政部门、财政部门审核推荐，中国特色高水平高职学校和专业建设计划（简称"双高计划"）项目建设咨询专家委员会评审，教育部、财政部审定并公示，现对"双高计划"第一轮建设单位名单予以公布。

各地要将"双高计划"作为落实《国家职业教育改革实施方案》的"先手棋"，优化改革发展环境，加强政策支持和经费保障，动员各方力量支持项目建设。项目学校要按照备案的建设方案和任务书实施建设，教育部、财政部将适时开展项目绩效评价，评价结果作为下一周期遴选的重要依据。

附件：中国特色高水平高职学校和专业建设计划建设单位名单

教育部　财政部

2019年12月10日

学校名称	专业群名称
重庆航天职业技术学院	智能控制技术
重庆三峡医药高等专科学校	中药学
重庆三峡职业学院	畜牧兽医
重庆医药高等专科学校	药学
成都农业科技职业学院	休闲农业
四川邮电职业技术学院	通信技术
贵州轻工职业技术学院	大数据技术与应用
昆明工业职业技术学院	物流管理
云南机电职业技术学院	机电一体化技术
陕西能源职业技术学院	煤矿开采技术

云南省教育厅 云南省财政厅文件

云教发〔2022〕12号

云南省教育厅 云南省财政厅关于公布云南省高水平高等职业学校和高水平专业群立项建设名单的通知

各有关高等职业院校：

根据《云南省教育厅 云南省财政厅关于实施云南省高水平高等职业学校和高水平专业群建设计划的通知》（云教发〔2021〕62号）和《云南省教育厅 云南省财政厅关于开展云南省高水平高等职业学校和高水平专业群建设计划项目申报的通知》精神，经高职学校自愿申报，专家评审，现场答辩，省教育厅、财政厅审定，并经公示无异议，现将云南省立项建设的8所高水平高等职业学校（含3所"国家双高"建设学校）、15个高水平专业群（含

— 1 —

附件1

云南省高水平高等职业学校和高水平专业群立项建设名单

序号	学 校	专业群名称	备 注
1	昆明冶金高等专科学校	电子商务专业群	国家高水平学校
		电气自动化技术专业群	
2	昆明工业职业技术学院	钢铁智能冶金技术专业群	国家高水平专业群建设学校
		建筑钢结构工程技术专业群	
3	云南机电职业技术学院	数控技术专业群	国家高水平专业群建设学校
		电气自动化技术专业群	
4	云南交通职业技术学院	道路与桥梁工程技术专业群	省级高水平学校
		新能源汽车技术专业群	
5	云南能源职业技术学院	发电厂及电力系统专业群	省级高水平学校
		煤矿智能开采技术专业群	
6	云南林业职业技术学院	林业技术专业群	省级高水平学校
		园林技术专业群	
7	云南国土资源职业学院	国土资源调查与管理专业群	省级高水平学校
		地质调查与矿产普查专业群	
8	曲靖医学高等专科学校	临床医学专业群	省级高水平学校
		药学专业群	

— 5 —

2020年3月，昆钢公司与安宁市人民政府签订《昆钢学前教育职能移交协议书》，幼教中心正式移交到安宁市教育体育局，划入事业单位管理

2021年，中国共产党昆明工业职业技术学院第四届委员会确定了“寻找办学新空间、打造教育新层次、发展产教新融合、建立培训新模式”的学校中长期高质量发展的“四新目标”

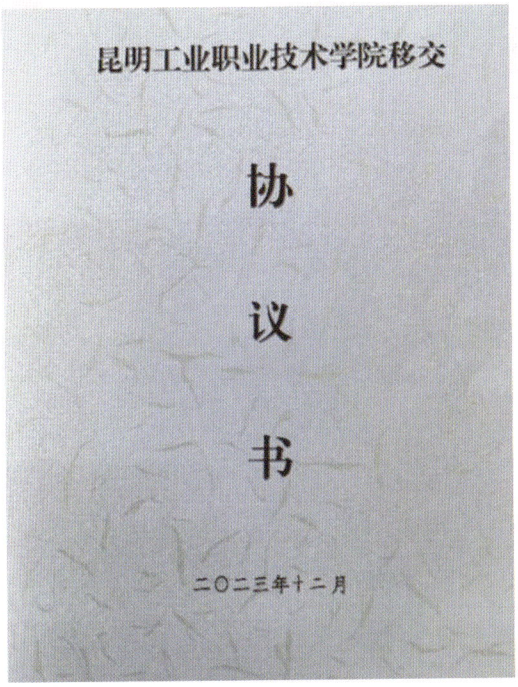

昆明工业职业技术学院移交

协

议

书

二〇二三年十二月

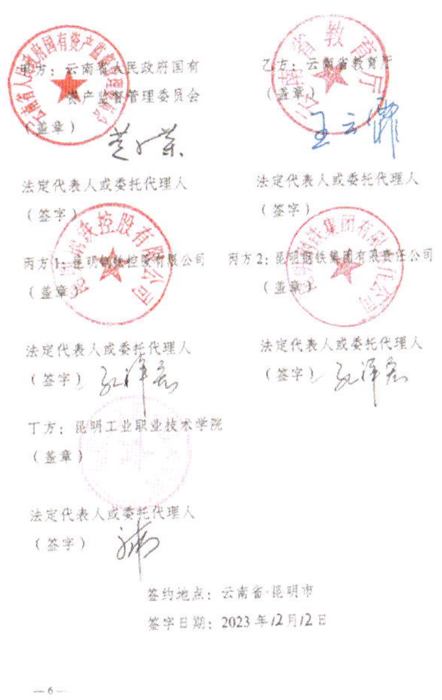

甲方：云南省人民政府国有资产监督管理委员会
（盖章）

法定代表人或委托代理人
（签字）

乙方：云南省教育厅
（盖章）

法定代表人或委托代理人
（签字）

丙方1：昆明钢铁控股有限公司
（盖章）

法定代表人或委托代理人
（签字）

丙方2：昆明钢铁集团有限责任公司
（盖章）

法定代表人或委托代理人
（签字）

丁方：昆明工业职业技术学院
（盖章）

法定代表人或委托代理人
（签字）

签约地点：云南省·昆明市

签字日期：2023年12月12日

—6—

2023年12月12日，云南省人民政府国有资产监督管理委员会、云南省教育厅、昆明钢铁控股有限公司、昆明钢铁集团有限责任公司、学校经协商一致，顺利签署了《昆明工业职业技术学院移交协议书》，标志着学校移交工作取得了实质性进展，正式进入实施阶段。学校的办学体制迎来了历史性的大变革

春日暖阳　激励前行

2010年3月，时任云南省副省长高峰（第二排左四）到学校视察

2010 年 10 月，时任教育部成人教育司司长葛道凯(左四)到学校视察

2014 年 7 月，时任冶金部高教司司长、中国冶金教育学会顾问崔宝璐(左四)到学校视察

2013 年 6 月，时任云南省高校工委副书记陶晴一行到学校视察

2013 年 7 月，时任云南省委常委、省高校工委书记李培一行到学校视察

2014年5月，时任云南省教育厅副厅长邹平一行到学校视察

2014年9月，时任云南省国资委党委副书记聂爱军一行到学校视察

2017 年，时任中国社会科学院副院长(正部长级)、党组副书记，第十四届全国人大常委会委员、监察和司法委员会副主任委员彭金辉到学校作党的十九大精神宣讲报告

2017 年 6 月，教育部职业教育与成人教育司副司长周为一行到学校检查学生实习管理工作，学校校企一体、产教融合办学特色受到好评

2017年9月，教育部直属机关“根在基层”调研团一行到学校考察调研

2019年9月，国务院督查组组长、国家发改委副主任胡祖才一行到学校调研指导工作

2024 年 3 月，中共云南省委教育工委常务副书记李炳泽（左五）、昆钢公司党委副书记苏玲翠（左四）到学校指导工作

2024年3月，教育部、财政部专家到学校开展“国家双高”建设项目验收评估

璀璨工职　硕果累累

1990年12月，学校荣获云南省劳动厅授予的“先进集体”称号

1992 年 11 月，学校荣获云南省教育委员会授予的“高等教育先进学校”称号

2005 年被中国钢铁工业协会授予“钢铁行业职工教育培训工作先进单位”

2006年被中国企业教育百强评选大赛组委会评定为“第二届中国企业教育先进单位百强”

2009年被云南省高等教育学会授予“云南省高等职业教育先进院校”

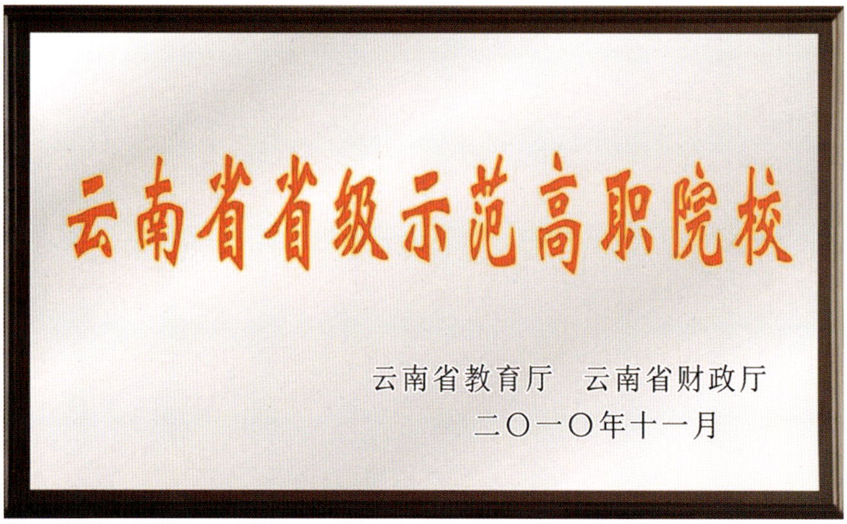

2010年被云南省教育厅、云南省财政厅评为“云南省省级示范高职院校”

2010 年中华全国总工会授予学校“全国职工教育培训示范点”称号

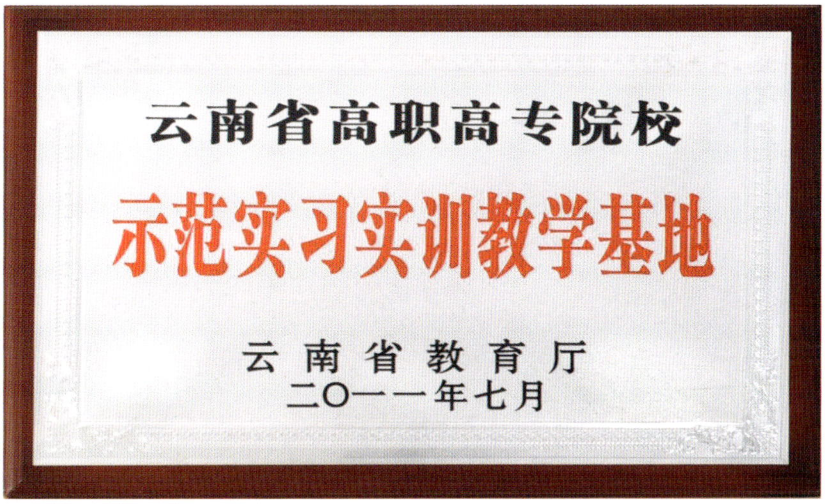

2011 年被云南省教育厅授予学校为“云南省高职高专院校示范实习实训教学基地”

2012 年学校被云南省委、省人民政府授予“文明单位”称号

2012年荣获云南省教育厅授予的“云南省高等学校教学管理工作先进集体”称号

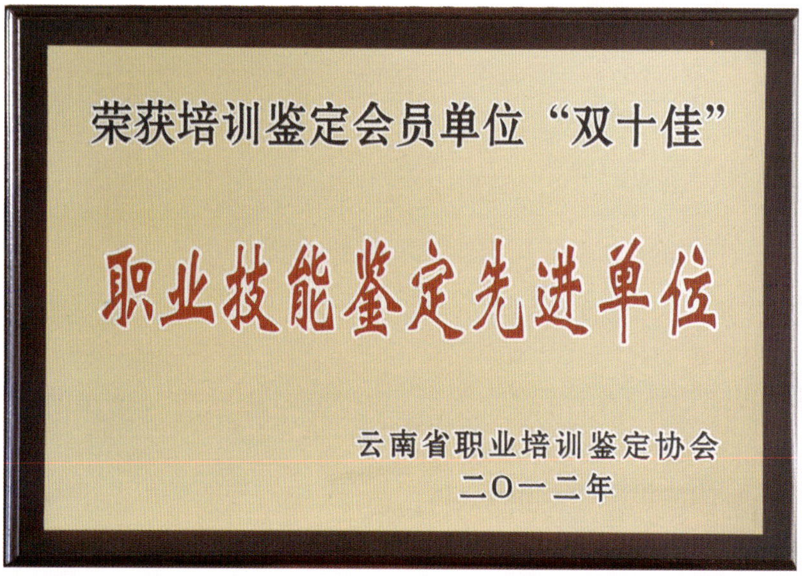

2012年荣获云南省职业培训鉴定协会授予的“‘双十佳’职业技能鉴定先进单位”称号

2014年9月，中国冶金教育学会授予学校为“全国冶金行业技术技能人才培养示范基地”

2015 年学校顺利通过云南省高职院校特色评估

2015 年荣获云南省委高校工委、省教育厅、省文明办授予的“文明学校”称号

2015 年 6 月，荣获教育部颁发的“全国毕业生就业典型经验高校”称号

2015 年被评为云南省教育厅、省综治办、省公安厅“平安校园”

2016 年中国钢铁工业协会授予学校为“全国钢铁行业专业人才继续教育基地”

2018 年 12 月，“三区四化六融合”国企办学模式的改革与实践获国家教学成果奖二等奖

2016 年荣获共青团云南省委授予的“云南省五四红旗团委”称号

2017 年学校成功立项云南省优质高职院校建设单位

2018 年 12 月，学校成为中央电化教育馆全国第二批“职业院校数字校园建设实验校”

2019 年，学校成功遴选成为中国特色高水平专业群（物流管理专业群）C 档建设单位。2024 年 3 月，在云南省国家“双高计划”绩效评价和实地验收检查中，获得了教育部、财政部专家及省级专家组的充分肯定。

2019 年教育部、财政部专家到学校开展“双高计划”实地验收检查

2021 年 6 月，荣获云南省国资委党委授予的“先进基层党组织”称号

2021 年学校荣获中央电化教育馆授予的“职业院校数字校园建设样板校”称号

2021 年荣获云南省总工会授予的“云南省模范职工之家”称号

2022 年，学校成功入选云南省高水平高等职业学校，重点建设钢铁智能冶金技术、建筑钢结构工程技术 2 个专业群。

2024 年学校荣获中华全国总工会授予的“全国模范职工之家”称号

（撰稿：梅晓芳、苏晨，审核：张晓雷）

党建引领

建校以来，一代代工职人坚定不移听党话、矢志不渝跟党走，始终把加强党的建设作为办学、兴校、育人的政治保证和力量源泉，传承70年办学历程中凝结的红色血脉，形成了昆明工业职业技术学院行之有效的党建工作格局，育人成效不断凸显，办学治校水平不断提升。

征途漫漫　踏石留印

纵观昆明工业职业技术学院70年的发展历程，虽然几度变迁，数次易名，但学校初心不变、底色愈显，每一步发展背后，都有着各级党组织的坚强领导。党建工作的日益完善和每一次创新，都推动着学校发展迈入一片新天地。

● 1983—2001年

(一)1983年1月13日，组建成立昆钢职工培训中心临时党委，是中共昆钢总公司职工培训处委员会的开端。师庭福主持临时党委工作，委员蔡似惠、张芳森。

1. 1984年1月9日，召开培训中心第一次党员代表大会，成立中共昆钢职工培训中心第一届委员会和纪律检查小组。

党委书记：师庭福

党委委员：蔡似惠、张芳森、潘昌文、杨兴泉、叶永鲜、陈丽华

纪律检查小组组长：尧汝康

组员：陶国胜、罗家祐、樊尚元、杨国伟

2. 1988年12月27日，召开培训处第二次党员代表大会，成立中共昆钢职工培训中心第二届委员会和纪律检查委员会。

党委书记：师庭福

党委委员：孙毓昆、潘昌文、陈贵、叶永鲜

纪委书记：潘昌文

纪委委员：杨吴从、晏振英、钟智、屠红云

3. 1992年5月，孙毓昆(处长)兼任党委书记，杨建勋任党委副书记兼纪委书记。

(二)职工大学党总支

1. 1983—1988年为职电大临时党总支。陈怀德(校长)兼任临时党总支书记。

2. 1989年初举行党总支委员会选举，经培训处党委批准正式成立职工大学党总支委员会。

党总支书记：杨吴从

党总支委员：陈贵(兼副书记)、陶国胜、曹希丽、耿明府、钟智

3. 1990年7月，江宗渝（副校长）增补为党总支委员。1992年6月，江宗渝兼任党总支书记。

（三）昆钢技校党总支

1972年复校至1986年4月，昆钢技校党组织为支部，1986年5月，成立党总支，首届党总支书记为叶永鲜。

1990年7月至1993年5月，赵子兴任党总支书记。

1993年5月，保明祥（校长）兼任党总支书记。

（四）1998年4月，昆钢党校并入职工大学，成立昆钢职工培训教育中心，设立中共昆钢职工培教中心总支部委员会，班子成员为陶国胜、杨建勋、保明祥、江宗渝、胡光甲。

● 2002年至今

（一）2002年11月20日，经昆钢公司党委批准成立中共昆钢职工培训教育中心委员会、中共昆明工业职业技术学院委员会，实行“两块党委牌子、一套党委班子”的管理模式，陶国胜任党委书记，杨建勋任党委副书记，胡光甲、保明祥、马淑萍任党委委员；同年12月24日，成立中共昆钢职工培训教育中心纪律检查委员会，杨建勋任纪委书记，陈耿亮、张光任纪委委员，自此学校党的建设和发展工作步入新阶段。

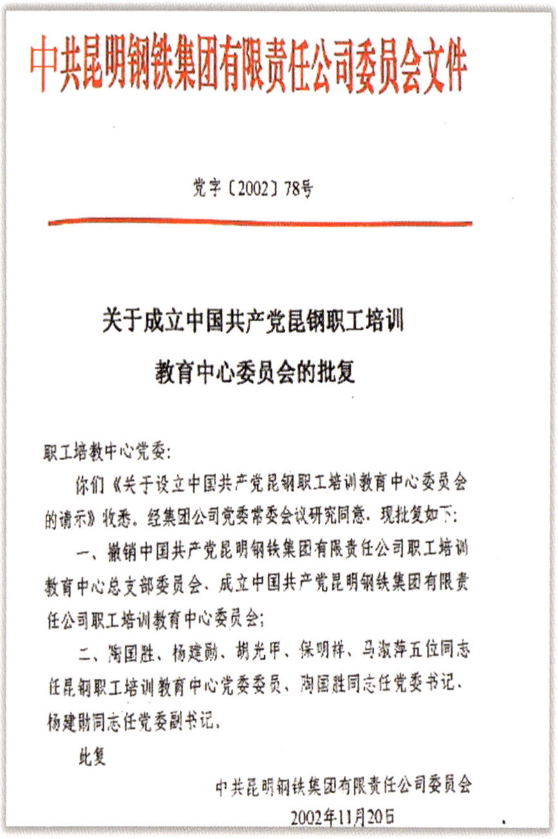

中共昆明钢铁集团有限责任公司委员会文件

党字〔2002〕78号

关于成立中国共产党昆钢职工培训教育中心委员会的批复

职工培教中心党委：

你们《关于设立中国共产党昆钢职工培训教育中心委员会的请示》收悉。经集团公司党委常委会议研究同意，现批复如下：

一、撤销中国共产党昆明钢铁集团有限责任公司职工培训教育中心总支部委员会，成立中国共产党昆明钢铁集团有限责任公司职工培训教育中心委员会；

二、陶国胜、杨建勋、胡光甲、保明祥、马淑萍五位同志任昆钢职工培训教育中心党委委员，陶国胜同志任党委书记，杨建勋同志任党委副书记。

此复

中共昆明钢铁集团有限责任公司委员会

2002年11月20日

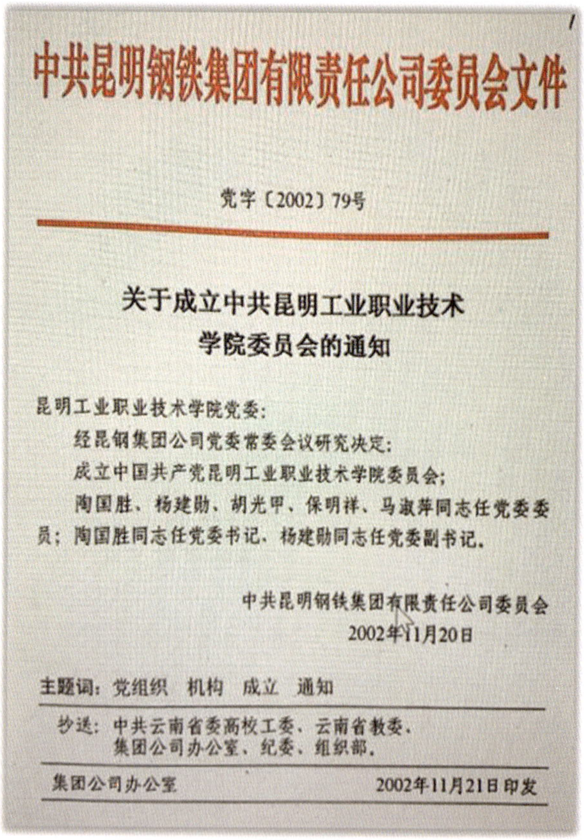

中共昆明钢铁集团有限责任公司委员会文件

党字〔2002〕79号

关于成立中共昆明工业职业技术学院委员会的通知

昆明工业职业技术学院党委：

经昆钢集团公司党委常委会议研究决定：

成立中国共产党昆明工业职业技术学院委员会；

陶国胜、杨建勋、胡光甲、保明祥、马淑萍同志任党委委员；陶国胜同志任党委书记，杨建勋同志任党委副书记。

中共昆明钢铁集团有限责任公司委员会

2002年11月20日

主题词：党组织 机构 成立 通知

抄送：中共云南省委高校工委、云南省教委、集团公司办公室、纪委、组织部。

集团公司办公室 2002年11月21日印发

学校党委成立文件

（二）自2006年学校召开第一次党员大会以来，全体党员代表肩负全校共产党员和师生的重托，先后在四次党委、纪委换届选举工作中共话发展成果、共商发展大计。

2006 年 7 月 18 日，昆刚职工培训教育中心召开党员大会

第一届党委书记：陆磊

党委委员：马淑萍、杨家坤、字海清、张锦华

第一届纪律检查委员会纪委书记：陆磊

纪委委员：字海清、张光、刘健、陶智仁

2011年12月22日，中共昆明工业职业技术学院第二次代表大会顺利召开

第二届党委书记：陆磊。党委委员：马淑萍、杨家坤、字海清、张锦华

第二届纪律检查委员会纪委书记：陆磊。纪委委员：朱斌、苏志坚、刘健、苏凤兰

2016 年 9 月 29 日，中共昆明工业职业技术学院召开第三次代表大会

第三次党代会全体代表合影

第三届党委书记：田勇。党委副书记：邹红艳、潘苏芸

党委委员：邓茜、朱斌、刘伟、字海清、张锦华、雷洪梅

第三届纪律检查委员会纪委书记：潘苏芸

纪委委员：刘健、何爱红、张自强、胡一多

2021年10月12日，中共昆明工业职业技术学院第四次代表大会顺利召开

第四届党委书记：张晓雷。党委副书记：刘伟、李彦

党委委员：字海清、唐琳琳、胡一多、和文云

第四届纪律检查委员会纪委书记：李彦

纪委委员：张辅陈、梅晓芳、周祎、李尚华

现任党委书记：张晓雷

现任校长：刘伟

现任党委副书记：刘伟、潘苏芸

现任党委委员：李彦、字海清、唐琳琳、胡一多、和文云

现任纪委书记：潘苏芸

现任纪委委员：张辅陈、梅晓芳、周祎、李尚华

（三）学校坚持依法办校，维护教职工权益，定期召开职代（工代）会和表彰会，大力推进学校治理体系和治理能力现代化建设。

昆钢培教中心（学院）召开第三届二次职代会暨 2007 年度表彰会

昆明工业职业技术学院召开第五届五次职代会暨 2023 年度表彰会

（四）2021 年 6 月，学校团委完成第二届团委委员、书记和副书记选举工作，为未来五年学校共青团奋勇当先、乘势而上的工作揭开新起点。

共青团昆明工业职业技术学院第一次代表大会

共青团昆明工业职业技术学院第二次代表大会

（五）学校成立妇女联合会并召开第一次妇女代表大会，展现出“巾帼不让须眉”的别样风采，“半边天”们有了主心骨。

学校妇女联合会成立暨第一次妇女代表大会

（六）学校广大党外知识分子和留学人员，紧紧围绕学校中心工作，为学校高质量发展建言献策，作出贡献。

2023年10月24日，学校党外知识分子和留学人员联谊会成立大会暨第一次会员大会

旗帜领航　党建花开

学校党委自成立以来，坚持第一时间学习贯彻党的路线、方针和政策，认真落实党中央重大决策部署，践行党的创新理论最新成果，高质量高标准开展各类主题学习教育活动，团结带领广大党员、干部、师生坚决拥护“两个确立”，坚决做到“两个维护”。

（一）学校构建“学校领导带头讲、中层干部结合实际讲、专家学者轮流讲、青年学生朋辈讲”党的创新理论大宣讲模式。校内年均聆听宣讲超过万人次。

2012年4月，学校党政领导班子带头宣讲党的创新理论

2014 年，学校党委组织“三严三实”专题教育讲党课

2021 年 4 月，学校党委举行党史学习教育专题宣讲报告会

学校团委举行2023—2024学年“青马工程”培训班开班仪式

（二）学校党委严格落实管党治党责任，扎实推进“清廉学校”建设，开展师德师风警示教育，风清气正的政治生态在学校蔚然成风。

学校党委、纪委组织全体中层干部、敏感岗位人员赴云南省反腐倡廉警示教育基地接受警示教育

学校召开家风座谈会，领导向与会家属代表赠送家风建设手册

（三）学校党委依托“校区+厂区+社区+职教园区”“四区”优势发挥思政辐射作用，形成全员全过程全方位思想政治育人新格局。

1. 持续选聘企业劳模、能工巧匠和昆钢公司退现干部充实党务和思政教师队伍，大踏步地实现了思政课教师队伍更充分更平衡地发展。

2020 年 12 月 4 日，学校举行思想政治理论课专任教师入职仪式

2. 创新思政课程形式，持续完善“1+N”思政课实践育人体系，学校党委、团委与马克思主义学院联合开展思政实践育人活动。校区建成“云岭先锋”党建书屋和党校“红色百年”体验中心，校外建立8个思政实践教育基地，成为学生和昆钢职工学思想、促行动的“金字招牌”。学校首个思政类大学生社团“青马育才社”宣讲团连续入选全国“强国有我 ‘核’你一起”千支大学生志愿宣讲团、全国大学生井冈山精神志愿宣传团、全国大学生“两弹一星”精神志愿宣讲团。自成立以来，深入校区、社区开展宣讲25场次，覆盖3000余人次，切实将思想政治工作和育人场域延伸到更为广袤的“社会大课堂”。

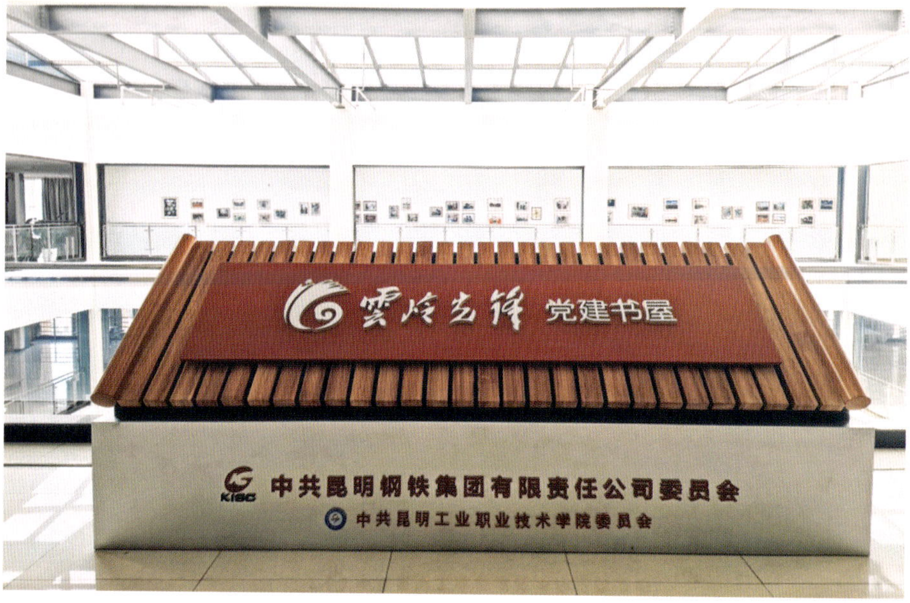

“云岭先锋”党建书屋

2022年1月，学校“红色百年”思政体验中心正式启用

学校青马宣讲团在社区开展"两弹一星"精神宣讲

3. 地方职教园区党建联盟为学校抓思想和意识形态建设提供了信息平台，互通有无、资源共享、实地观摩，多维度形成校园党建新生态。

学校党委作为安宁职教基地职教行业党建联盟委员单位参加安宁职教基地职教行业党建联盟活动

（四）学校党委牢牢把握意识形态话语权，全面落实校园文化凝聚工程建设，培育健康向上的主流价值观。

1. 讲好工职故事，传播好工职声音。近年来，学校在学习强国、经济网、中国网、《中国冶金报》、《云南政协报》、云南电视台、掌上春城多个国家级、省级媒体上持续专题宣传报道学校以高质量党建引领高质量发展等成果和典型案例。

各级媒体专版刊登

2. 按照“1+5+N”模式推进学校“一站式”学生社区建设，打造学生党建前沿阵地，用“浸润式教育”将党建、思政文化育人工作做到“家”。

学校团委在学校“一站式”学生社区开展活动

3. 统筹打造八大主题宣传阵地，逐步完善具有学校特点的形象标识体系，展现全新校园文化风景线。大力弘扬中华优秀传统文化和大国工匠精神，全网上线首支师生独立原创《匠心词话》文化歌曲。

知行广场（知行门）

神农道

进德苑（学生宿舍）

校园导视

惟实楼教学楼

4. 学校党委持续搭建联谊会交流平台，邀请专家剖析时政热点、解读统战理论，组织党外知识分子深入社区、企业开展技术培训、专业讲座、社区共建等活动累计 10 次，不断强化统战成员政治共识，构筑“同心”格局。常态化开展民族团结进步教育，将铸牢中华民族共同体意识融入学生思政教育，发挥“民族团结”主题宣传阵地优势，开展以最具工职特色的民族服饰秀、欢乐打跳、民族团结书画展、制作知识宣传册等活动，推动各族师生携手共进，守望相助。

学校“民族团结一家亲”歌舞体验活动

学校组织党外知识分子参加校社共建活动

勇担使命　示范引领

（一）多年来，学校党委坚持建强党组织“肌体细胞”，以高质量党建引领学校高质量发展为价值追求，夯实基层党建基础，加强党员队伍、干部队伍建设，推动党建与教育教学有效融合，在两级党组织的共同努力下，学校党建工作质量逐步提升。

学校党委、党支部荣获的各种荣誉称号

1. 严把“三个关口”，加大在高层次人才、优秀青年教师和优秀学生中发展党员力度，党员发展结构不断优化。

学校党委书记在年度“两优一先”表彰大会上带领新党员进行入党宣誓，老党员重温入党誓词

2. 经过多年的发展，学校中层干部年龄、学历、专业结构持续改善，政治素质和业务能力不断提升。现有中层及以上管理人员 34 名，“80 后”“90 后”年轻干部占中层管理人员总数的 60.71%，2020 年首次实现了向昆钢公司输送中层管理干部的突破。

1991 年，昆钢组织干部岗位培训班开学典礼

2023 年，学校组织管理干部高级研修班培训活动

3. 党支部充分发挥战斗堡垒作用，以点促面推动整体提升。党员师生争当表率，汇聚新时代助推学校高质量发展的磅礴力量，鲜红党旗始终在教育教学一线高高飘扬。

学校设置党员服务站，党员师生为新入学同学提供更多优质服务

4. 炼钢的大师傅，教书的好老师。“云南省最美教师”、学校优秀共产党员姜国庆，扎根教育

教学一线，做“德优技高”表率，用自己的亲身经历感染学生，用行动诠释百炼成钢的工匠精神，培养一批批关键生产岗位上的技术骨干。

党员教师姜国庆扎根教育教学一线开展实训教学

（二）党建引领，工青妇发力。学校两级党组织依托党建力量充分发挥工青妇组织的政治优势及组织优势，始终做到“与党同心”“跟党奋斗”，党建带群建发展成果不断凸显，取得国家级、省级集体荣誉表彰项目22项。

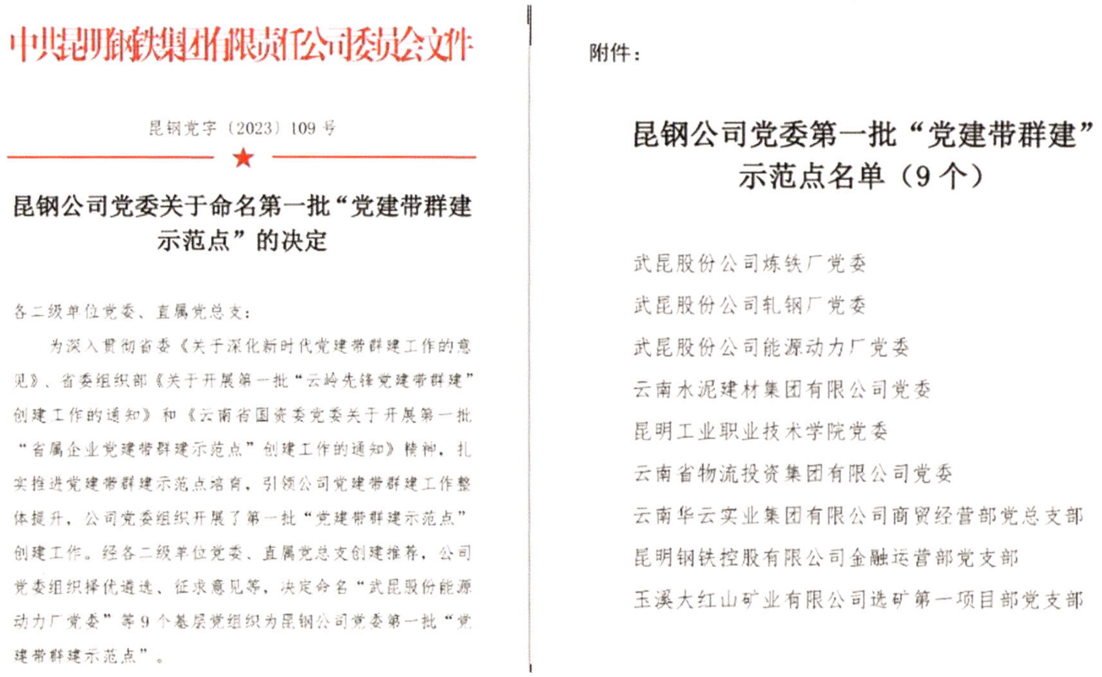

中共昆明钢铁集团有限责任公司委员会文件

昆钢党字〔2023〕109号

昆钢公司党委关于命名第一批“党建带群建示范点”的决定

各二级单位党委、直属党总支：

为深入贯彻省委《关于深化新时代党建带群建工作的意见》、省委组织部《关于开展第一批“云岭先锋党建带群建”创建工作的通知》和《云南省国资委党委关于开展第一批“省属企业党建带群建示范点”创建工作的通知》精神，扎实推进党建带群建示范点培育，引领公司党建带群建工作整体提升，公司党委组织开展了第一批“党建带群建示范点”创建工作。经各二级单位党委、直属党总支创建推荐，公司党委组织择优遴选、征求意见等，决定命名“武昆股份能源动力厂党委”等9个基层党组织为昆钢公司党委第一批“党建带群建示范点”。

附件：

昆钢公司党委第一批“党建带群建”示范点名单（9个）

武昆股份公司炼铁厂党委
武昆股份公司轧钢厂党委
武昆股份公司能源动力厂党委
云南水泥建材集团有限公司党委
昆明工业职业技术学院党委
云南省物流投资集团有限公司党委
云南华云实业集团有限公司商贸经营部党总支部
昆明钢铁控股有限公司金融运营部党支部
玉溪大红山矿业有限公司选矿第一项目部党支部

2023年学校党委获评昆钢公司党委第一批“党建带群建示范点”

马克思主义学院党支部获评 2022 年度昆钢公司党委“先进基层党组织”、获评 2019 年中华全国妇女联合会“巾帼文明岗”

1. 深挖工会履职赋能潜力，全力拓展职工服务广度。学校将教职工“学习之家”“和谐之家”“民主之家”“幸福之家”的精神要义深度融合，强化舆论引导，开展多彩活动，维护合法权益，不断凝心聚力，擘画职工服务新高地。建校以来，学校工会成功获评全国、云南省、昆钢公司“模范职工之家”荣誉称号，建成200平方米职工之家健身区，激发教职工干事创业“使命感”；持之以恒地为职工办好事、解难事，为教职工申请帮困解困资金、申报职工医疗互助金、发放节日慰问金等超百万余元，增强教职工生活归属“幸福感”。

2024年，学校工会荣获由中华全国总工会授予的“全国模范职工之家”称号

学校工会组织“同心共筑工职梦　砥砺奋进新征程”教职工趣味运动会

学校领导看望慰问教职工

2. 围绕“为学生成长赋能，为社会发展增值”，学校团委着力培养“优秀团员队伍”和“可靠青年队伍”，曾获评云南省优秀团干部、团员 4 人，青年岗位能手 4 人。以一流党建带特色团建开展品牌志愿服务工程，2020 年学校志愿服务项目在第五届中国青年志愿服务项目大赛中荣获铜奖，在云南地方赛中荣获金奖。防溺水宣传志愿服务队入选 2023 年全国大学生“乡村振兴”志愿服务团队，切实做到“党有号召　团有行动”。

学校团委指导的《校（孝）老爱亲–爱老敬老》青年志愿者服务项目荣获全国铜奖

2023 年 3 月，学校团委组织“3·5”学雷锋志愿服务活动

3. 学校妇联自成立以来，坚持突出政治引领，以规范化建设推动巾帼建新功，1 名女教师入选安宁市巾帼宣讲团；围绕中心服务大局，开展丰富多元的普法维权、健康知识讲座及节日活动。在学校妇联的带领下，广大女职工、女大学生引领校园巾帼风潮，征集主题作品入选安宁市优秀作品 3 个，组队参加安宁市“三八国际妇女节”巾帼心向党健美操比赛获二等奖。

学校举办“三八”国际劳动妇女节系列活动

参加安宁市“三八国际劳动妇女节”，在“巾帼心向党　舞动新时代”健美操比赛中获二等奖

（撰稿：韩倩，审核：唐琳琳）

专业与科研

一、初创与奠基

（一）面向昆钢需求设置专业，实现人才自给自足

1955—2001 年，为了满足昆钢生产经营的需求，学校在不同历史阶段围绕钢铁生产工艺及生产经营岗位需求设置专业，主要开设了冶金机械、工业会计、工业企业管理等成人大专专业，开设了电气自动化控制系统运行与维修、市场营销、机电设备维修与管理等高职专业，部分专业开设了成人中专专业；昆钢技校开设了烧结、炼铁、车工、铆焊、钳工、仪表等专业。这一阶段，学校专业设置服务昆钢采矿、选矿、烧结、炼铁、连铸、铸造、轧钢、筑炉、炼焦、制氧等生产。通过招生即招工、招收在岗职工再教育、为在岗职工提供继续教育服务，进一步提高在职职工的学历和文化素质，实现昆钢产业工人和技术干部人才自给自足，为企业发展提供有力的人才支撑。

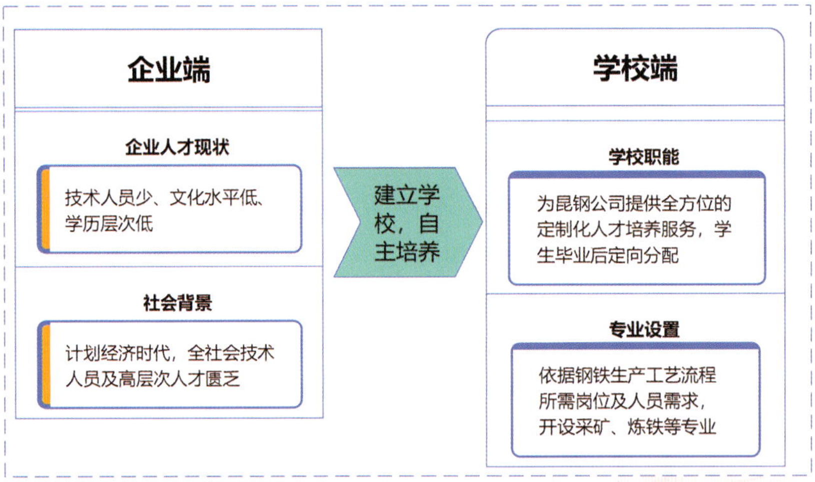

学校专业初创奠基

（二）建立高等职业教育专业体系，夯实办学基础

2002 年，学校经云南省人民政府批准改制为昆明工业职业技术学院，开设机电设备维修与管理、电气自动化控制系统运行与维修、计算机网络技术、市场营销 4 个全日制高职专业。经过 5 年的高职专业建设和发展，2007 年通过教育部人才培养工作水平评估时，学校共设置了 21 个高职专业。学校专业设置除满足昆钢外，重点转向社会需求，从专注于钢铁生产相关领域逐渐拓展到多个专业领域，专业设置从装备制造、采矿、选矿、冶金等服务钢铁生产领域逐渐拓展到电子信息、财经商贸等多个专业领域。学校逐步建立以工科为主兼以商科的高职专业体系。这一阶段学

校进一步明确依托昆钢，发挥校企一体优势的专业建设思路，专业建设成效明显，为学校后期专业建设奠定了坚实基础。

二、发展、创新与突破

(一)聚焦区域经济发展，专业建设走上快车道

2007—2012 年，为了巩固人才培养工作水平评估成果，昆钢每年录用学校 50% 的毕业生，借此学校教育事业取得了较大发展，专业数量也大幅提升。到 2012 年，学校招生专业达到 32 个，专业建设由内向外逐步扩展，学校由服务昆钢转向服务全社会的职业教育阶段。专业建设围绕国家中长期发展战略和区域经济发展趋势，以服务区域经济社会发展和学生全面可持续发展为导向，结合学校的办学定位，在专业的设置与优化、重点专业建设、提升学科竞争力、提升人才培养质量、服务社会经济发展等方面的成效逐步凸显。

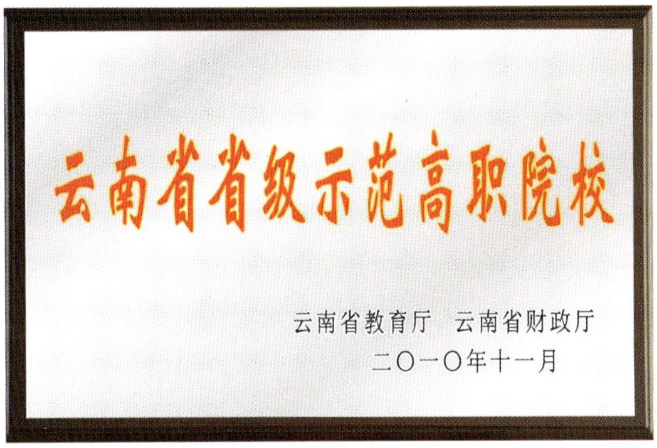

学校获评云南省省级示范高职院校

(二)加强专业内涵建设，提升专业竞争力

学校积极主动适应社会经济发展，紧跟产业发展趋势，深化产教融合、校企合作，健全多元化办学机制，进一步完善专业群规划、建设、评价、调整机制，专业建设成果凸显，专业竞争力显著增强。2014 年，学校通过了云南省省级示范高职院校验收和云南省高职院校特色评估，专业数量质量得到进一步提高；2019 年，物流管理专业群入围首批中国特色高水平专业群建设项目；2024 年，现代物流管理专业与云南财经大学实施“3+2”高本贯通培养试点，开启学校本科教育的进程。

表 1　专业建设项目统计

序号	年度	项目名称
1	2010	云南省省级示范高职院校(重点支持黑色冶金技术、电气自动化技术专业建设)
2	2011	云南省省级特色专业(黑色冶金技术、电气自动化技术、机电设备维修与管理)
3	2013—2015	云南省高职院校提升专业服务产业发展能力、提升建设专业(焊接技术及自动化、机械制造与自动化、物流管理)
4	2015	教育部首批现代学徒制试点单位，8 个试点专业(黑色冶金技术、电气自动化技术、机电设备维修与管理、建筑工程技术、物流管理、空中乘务、老年服务与管理、学前教育)
5	2018	云南省高等职业教育高水平骨干专业(黑色冶金技术、建筑钢结构工程技术、机电设备维修与管理、电气自动化技术、机械制造与自动化、物流管理、统计与会计核算)
6	2019	教育部高等职业教育创新发展行动计划(2015—2018)建设骨干专业(机电设备维修与管理、建筑钢结构工程技术、物流管理 3 个专业)

续表

序号	年度	项目名称
7	2019	中国特色高水平高职学校专业群建设单位(物流管理专业群)
8	2022	云南省高水平高等职业学校和高水平专业群立项建设单位(钢铁智能冶金技术、建筑钢结构工程技术专业群)
9	2024	云南财经大学实施“3+2”高本贯通培养试点专业1个(现代物流管理专业)

学校通过云南省高职院校特色评估

学校与云南财经大学举行“3+2”高本贯通培养试点合作签约仪式

（三）打造"三高五优"专业群，提高专业服务产业的能力

围绕专业群聚焦效应，主动服务和融入国家"一带一路"倡议，紧扣云南发展定位和规划确定的重点领域、重点产业，学校顶层设计、科学规划，在完成一个国家、两个省级高水平专业群建设目标的基础上，统筹建设五个校级优质专业群，形成学校"三高五优"专业群建设体系。根据新产业、新技术发展对技术技能人才的需求，精准对接高端产业需求，创新人才培养模式，服务区域产业转型升级。规划申报新专业，积极申报高职本科专业，促进专业资源整合和结构优化，发挥专业群的集聚效应和服务功能，实现人才培养供给侧和产业需求侧结构要素全方位融合，稳步提升专业服务产业能力，显著增强学校办学实力，形成特色鲜明的职业教育学科建设体系，为高素质技术技能人才培养发挥示范引领作用。

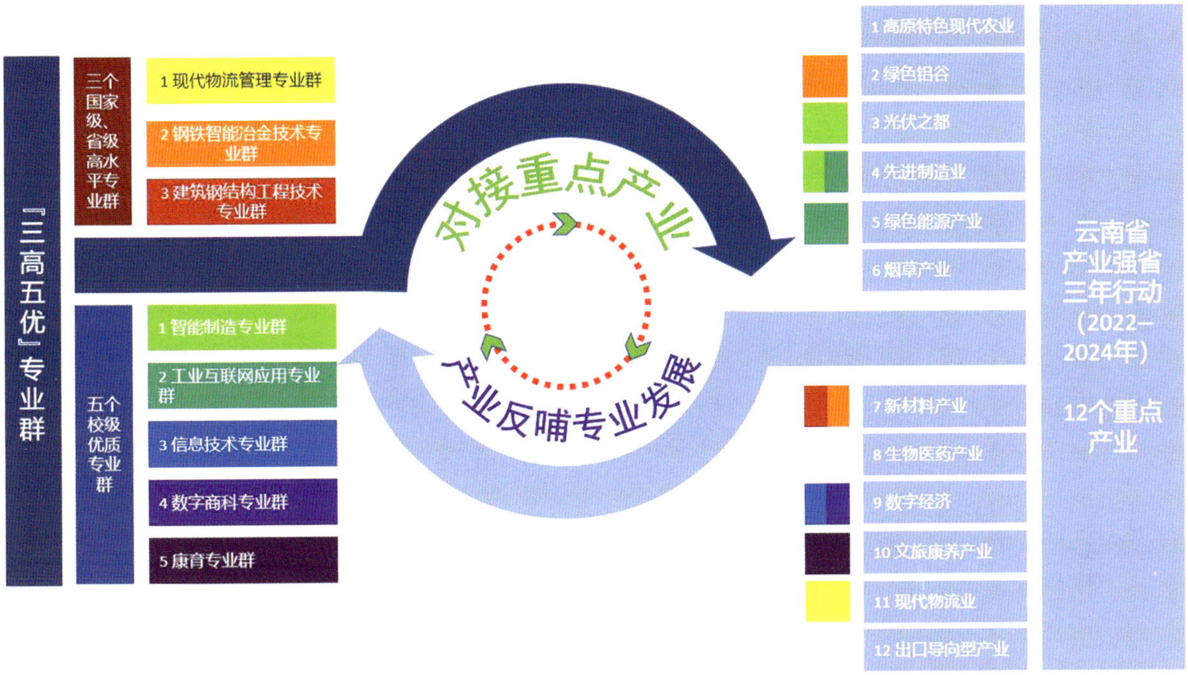

"三高五优"专业群和省重点产业映射关系

（四）持续优化专业结构，全面服务工业产业发展

学校建立专业动态调整管理机制，通过"撤、停、增"，不断优化专业结构。2024 年学校开设有装备制造、资源环境与安全、能源动力与材料、生物与化工、土木建筑、交通运输、公共管理与服务、电子与信息、财经商贸、文化艺术、医药卫生、教育与体育等 12 个专业大类共 59 个专业，招生专业 47 个。专业中理工类占比 75% 以上，服务云南省 12 个重点产业专业占比 68.5%，为产业强省、制造强国所需高素质技术技能人才提供有效支撑。

三、深耕厚植，科研水平实现跃升

立足高质量发展目标，学校着眼于职业教育、高等教育与继续教育的协同创新，推进职普融通、产教融合、科教汇聚，坚定服务于地方经济与就业导向，获得省部级以上科研项目立项 4 个，地厅级项目 153 个，国家级学会项目 2 个，自主培育校级项目 231 个，中国科技核心期刊发表论

文达到 60 篇。持续深化产教融合、校企合作，主动与政府、行业、企业开展融合，形成“政行企校”四位一体的协同创新机制；建成了“管道运输应用技术研发”和“工业机器人研发及推广”2 个国家级技术应用协同创新中心；获得发明专利 6 项，实用型新型专利 70 项，外观设计专利 2 项，计算机软件著作权 18 项。

电气学院与昆钢重装共同研发维修电工技能实训装置，该装置获得一项实训新型专利和一项外观发明专利，承担电气控制技术课程所有项目的实训和云南省维修电工赛项的比赛。

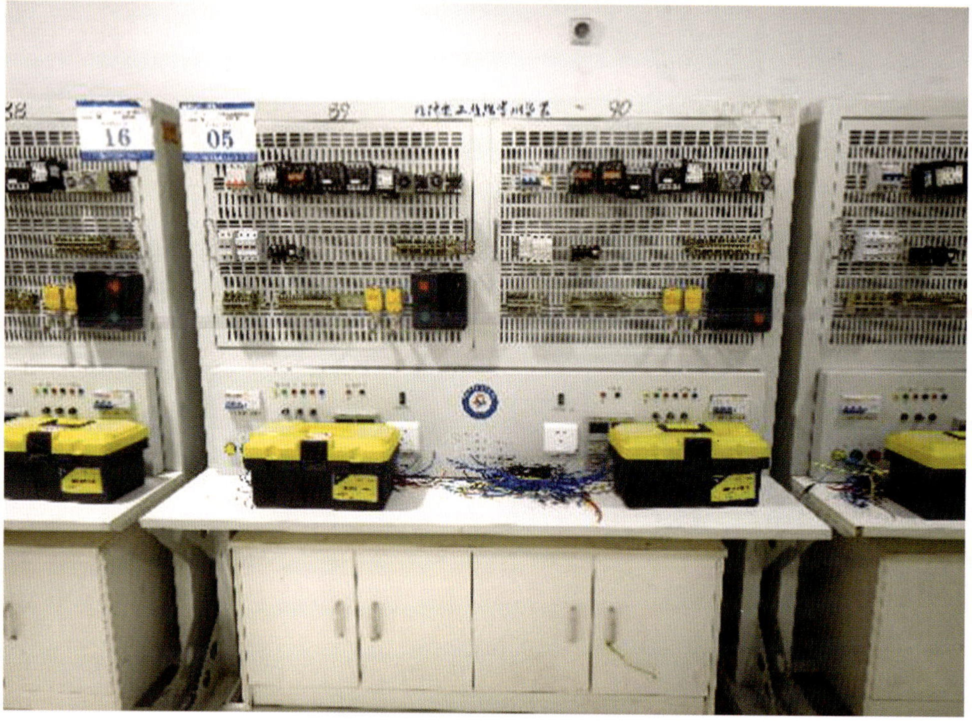

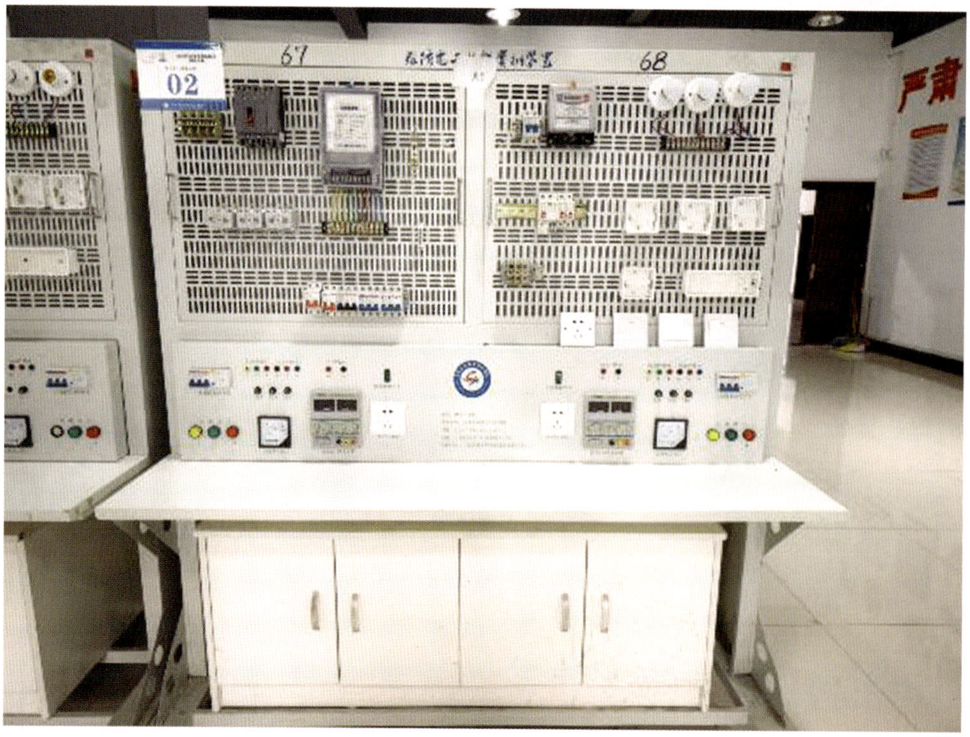

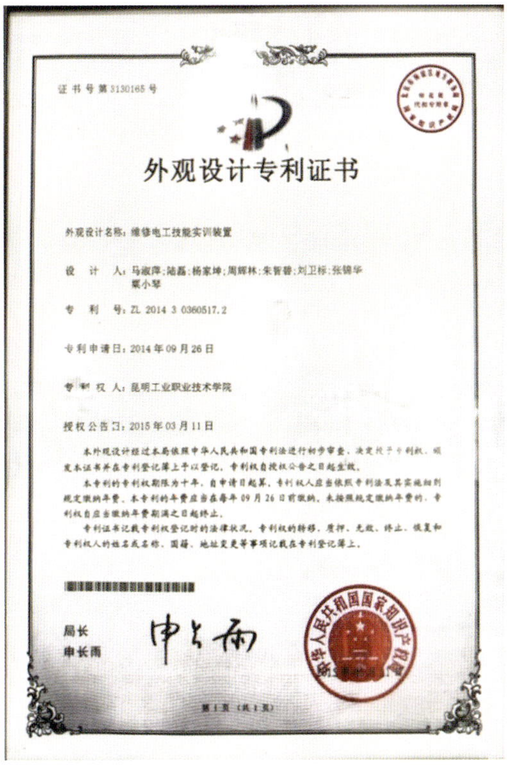
证书号第3130165号

外观设计专利证书

外观设计名称：维修电工技能实训装置

设　计　人：马淑萍；陆磊；杨家坤；周辉林；朱智蓉；刘卫标；张锦华；粟小琴

专　利　号：ZL 2014 3 0360517.2

专利申请日：2014年09月26日

专 利 权 人：昆明工业职业技术学院

授权公告日：2015年03月11日

本外观设计经过本局依照中华人民共和国专利法进行初步审查，决定授予专利权，颁发本证书并在专利登记簿上予以登记。专利权自授权公告之日起生效。

本专利的专利权期限为十年，自申请日起算。专利权人应当依照专利法及其实施细则规定缴纳年费。本专利的年费应当在每年09月26日前缴纳。未按照规定缴纳年费的，专利权自应当缴纳年费期满之日起终止。

专利证书记载专利权登记时的法律状况。专利权的转移、质押、无效、终止、恢复和专利权人的姓名或名称、国籍、地址变更等事项记载在专利登记簿上。

局长
申长雨

第1页（共1页）

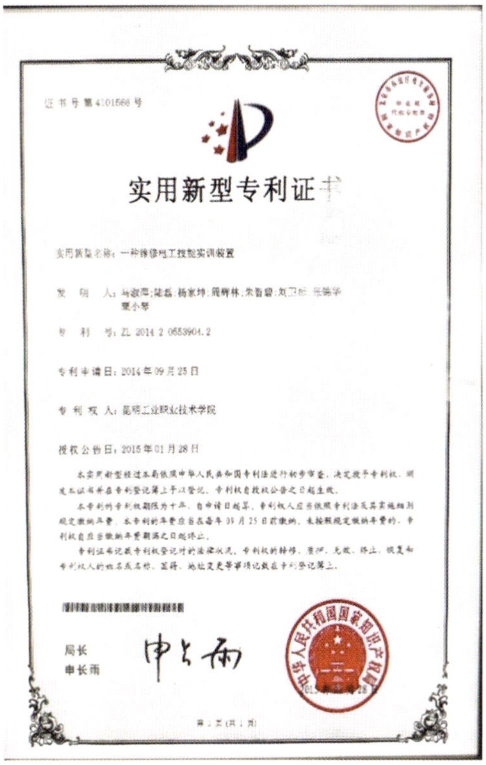
证书号第4101566号

实用新型专利证书

实用新型名称：一种维修电工技能实训装置

发　明　人：马淑萍；陆磊；杨家坤；周辉林；朱智蓉；刘卫标；张锦华；粟小琴

专　利　号：ZL 2014 2 0553904.2

专利申请日：2014年09月25日

专 利 权 人：昆明工业职业技术学院

授权公告日：2015年01月28日

本实用新型经过本局依照中华人民共和国专利法进行初步审查，决定授予专利权，颁发本证书并在专利登记簿上予以登记。专利权自授权公告之日起生效。

本专利的专利权期限为十年，自申请日起算。专利权人应当依照专利法及其实施细则规定缴纳年费。本专利的年费应当在每年09月25日前缴纳。未按照规定缴纳年费的，专利权自应当缴纳年费期满之日起终止。

专利证书记载专利权登记时的法律状况。专利权的转移、质押、无效、终止、恢复和专利权人的姓名或名称、国籍、地址变更等事项记载在专利登记簿上。

局长
申长雨

第1页（共1页）

维修电工技能实训装置及专利证书

学校与云南昆钢电子信息有限公司合作，以云南省物流投资集团有限公司的智慧供应链云平台体系为基础研发智慧供应链产教融合平台，包含且不限于运营场景、数据以及作业流程、风控模型、平台技术等方面内容，在教学、实训中起到了重要作用。

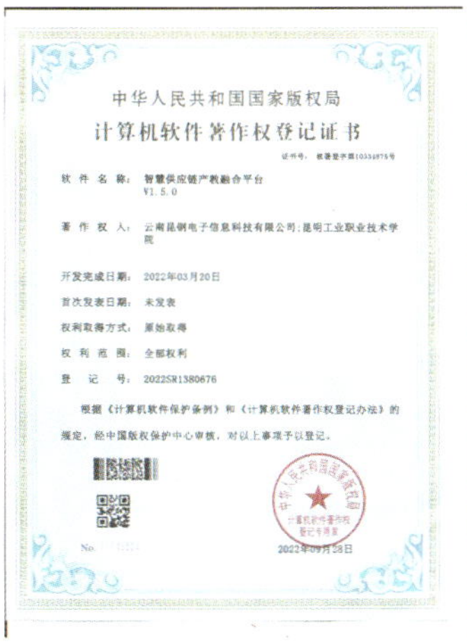
中华人民共和国国家版权局

计算机软件著作权登记证书

软 件 名 称：智慧供应链产教融合平台 V1.5.0

著 作 权 人：云南昆钢电子信息科技有限公司；昆明工业职业技术学院

开发完成日期：2022年03月20日

首次发表日期：未发表

权利取得方式：原始取得

权 利 范 围：全部权利

登　记　号：2022SR1380676

根据《计算机软件保护条例》和《计算机软件著作权登记办法》的规定，经中国版权保护中心审核，对以上事项予以登记。

2022年09月28日

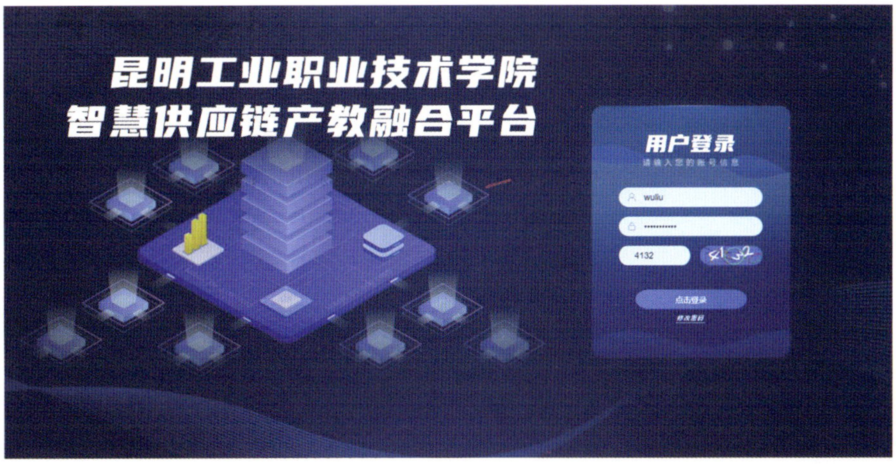

智慧供应链产教融合平台及软著证书

（撰稿：徐吕、邹宇，审核：和文云、胡一多）

人才培养

一、落实立德树人根本任务

学校自成立以来，牢记立德树人根本任务，在不同的历史阶段，高度重视人才培养顶层设计，不断完善立德树人育人体系，将立德树人内化到学校建设和管理的各领域、各方面、各环节。构建“五育并举”、“三全”育人格局，推动立德树人根本任务的落实。学校严格落实教师教书育人责任，强化管理服务育人功能、发挥文化育人作用。首先开齐开足思政课程，强化思想政治理论课在学生理想信念和社会主义核心价值观中的教育作用。在加强思政课程建设的基础上，思政课教师和二级学院教研室联动，发挥课堂育人主渠道功能，建设系列课程思政示范课，突出德技并修、育训结合，有机融入劳动教育、工匠精神、职业道德、职业精神和职业规范等内容；挖掘专业课程的思政元素，将思政教育融入更加广泛的专业知识教育中，营造课课有思政、人人讲思政的氛围。学校在发展的不同历史时期，为昆钢培养大量又红又专的产业工人和领导干部，其中部分担任了昆钢公司领导或二级单位主要负责人。

二、产教融合创新培养模式

学校发挥校企一体的特色优势，实施企业、学校和行业等多方主体共同参与人才培养过程，推动职业教育和产业深度融合，培养适应现代产业发展需要的高素质应用型人才。通过校企合作建立了产教融发展机制，包括校企定期沟通机制、平等互利原则下的合作协议等。面向区域经济和社会发展，持续跟踪产业发展对技术技能人才的需求，以强化学生职业能力和持续发展能力为目标，以提高学生实践和创新能力为重点，深化产教融合、校企合作，推动“引企入教”，推进启发式、探究式等教学方法改革，以及合作式、任务式、项目式、企业实操教学等培养模式综合改革。促进课程内容与技术发展衔接、教学过程与生产过程对接、人才培养与产业需求融合。建立新型信息、人才、技术与物质资源共享机制，完善产教融合协同育人机制，协调推进多主体之间开放合作，整合多主体创新要素和资源，凝练产教深度融合、多方协同育人的技术技能人才培养模式。在产教融合中，校企双方将专业建设、人才培养方案、课程体系、师资队伍等动态发展融入产教融合全过程，校企共同实施现代学徒制、现场工程师、订单培养等创新人才培养模式。通过多年建设和发展，学校产教融合创新人才培养模式实现教育链、人才链与产业链、创新链的有效衔接。学校主持成立3个产教融合共同体，加入4个市域产教联合体，是教育部首批现代学徒制试点学校，25个专业开展了现代学徒制。现代学徒制培养学生占比超过在校生的10%，成立云南省首个现场工程师学院，开展多个教育部供需对接就业育人项目。“三区四化六融合”国企办学模式的改革与实践获国家教学成果二等奖，人才培养模式改革等7项获省级教学成果奖。在国家大力发展职业教育，职业教育新思想、新理念不断创新应用的背景下，学校人才培养模式不断创新，培养了大批适应现代产业发展需要的高素质技术技能人才，支撑服务区域经济社会的发展。

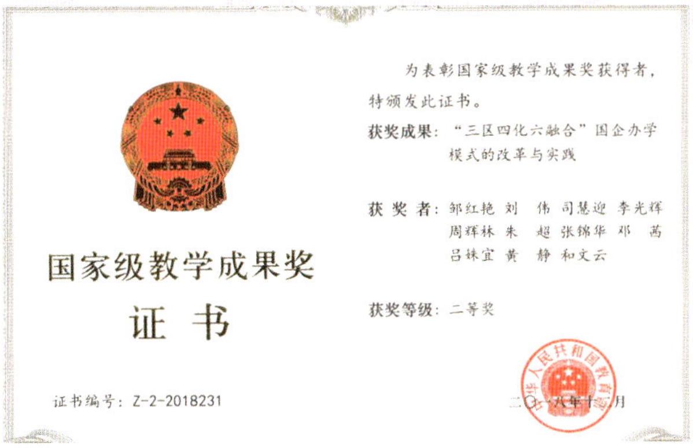
国家级教学成果奖
证　书
为表彰国家级教学成果奖获得者，特颁发此证书。
获奖成果：“三区四化六融合”国企办学模式的改革与实践
获 奖 者：邹红艳　刘　伟　司慧迎　李光辉　周辉林　朱　超　张锦华　邓　蒿　吕林宜　黄　静　和文云
获奖等级：二等奖
证书编号：Z-2-2018231

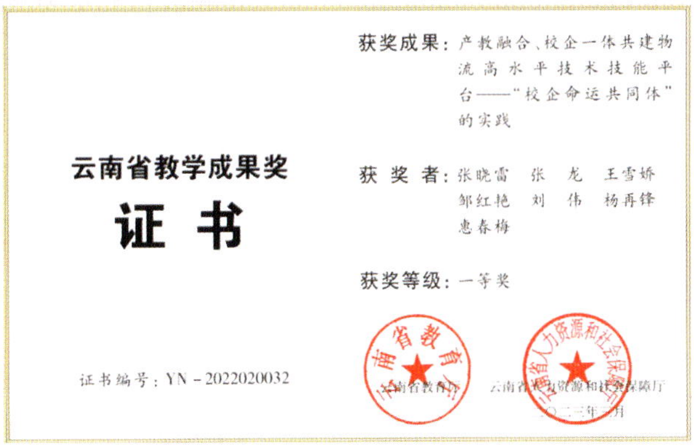
云南省教学成果奖
证　书
获奖成果：产教融合、校企一体共建物流高水平技术技能平台——“校企命运共同体”的实践
获 奖 者：张晓雷　张　龙　王雪娇　邹红艳　刘　伟　杨再锋　惠春梅
获奖等级：一等奖
证书编号：YN－2022020032

云南省教学成果奖
获奖证书
获奖成果：工学结合、校企一体创新电气自动化技术高技能人才培养模式
获　　奖　　者：张锦华、王志宏、杨云英、周辉林、李金航
获奖等级：一等奖
证书号：2013018
云南省人民政府
二〇一三年三月二十七日

云南省教学成果奖
获奖证书
获奖成果：构建体系　搭建平台　全面提升高职院校技能型人才培养质量的研究与实践
获 奖 者：刘　伟　董文才　李光辉　周辉林　朱　超
获奖等级：一等奖
证书号：2017030
云南省人民政府
2017年6月

云南省教学成果奖
获奖证书
获奖成果：项目导向、赛教融合数控技术专业人才培养创新与实践
获 奖 者：和文云　刘　飞　宇海清　周辉林　唐兴贵
获奖等级：二等奖
证书号：2017105
云南省人民政府
2017年6月

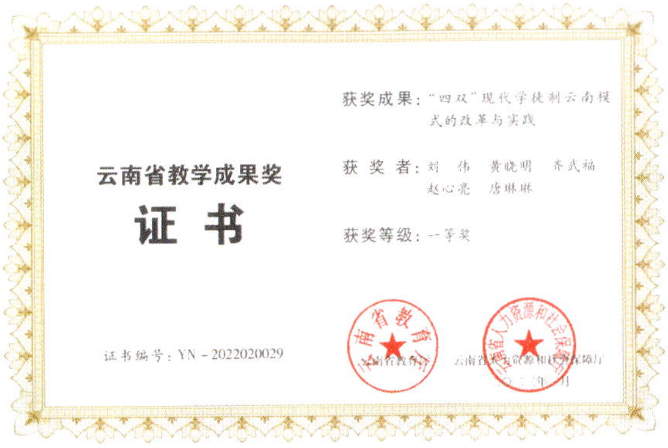
云南省教学成果奖
证　书
获奖成果：“四双”现代学徒制云南模式的改革与实践
获 奖 者：刘　伟　黄晓明　齐武福　赵心亮　唐琳琳
获奖等级：一等奖
证书编号：YN－2022020029

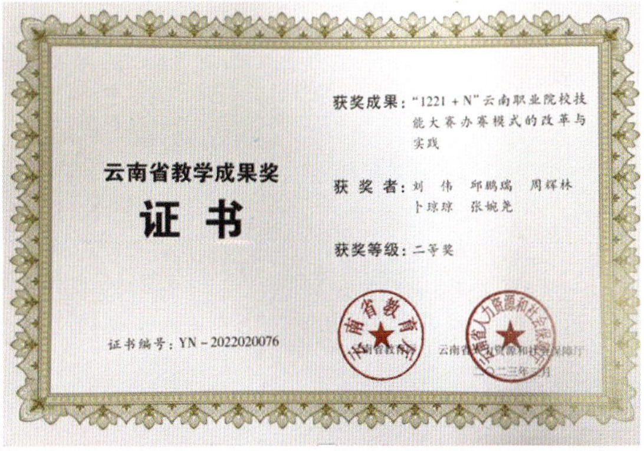
云南省教学成果奖
证　书
获奖成果：“1221＋N”云南职业院校技能大赛办赛模式的改革与实践
获 奖 者：刘　伟　郑鹏瑞　周辉林　卜琼琼　张婉晃
获奖等级：二等奖
证书编号：YN－2022020076

学校荣获国家教学成果二等奖 1 项，省级教学成果一等奖 4 项，二等奖 2 项

三、改革建设助力人才培养

（一）教学资源建设

学校积极广泛开展调研，掌握各专业岗位职业标准，修订完善课程标准。与此同时，根据学校专业建设管理办法、精品课程建设管理办法、教材建设管理办法等，围绕基于工作过程、工学结合、理实一体等先进教学方法实施课程资源系统设计，以信息化课程教学资源建设为重点，统

筹建设精品课程、在线精品课程和教材，实现课程内容对接岗位典型工作任务。经过多年的建设，已建成一批资源丰富、技术先进、持续发展的教学资源，助力教育教学改革，提高人才培养质量。

表2　学校教学资源建设成果统计表

成果名称	级别		
	国家级	省级	校级
专业教学资源库	6个(第三主持1个，参与5个)		2
教材建设	2	9	15
规划培育教材		2	
精品课程	2	4	28
精品在线课程		2	22
课程思政示范课			30
一流核心课程		2	7
小计	10	19	104

(二)教学方法改革

学校根据不同历史阶段、不同阶段职业教育的重点任务和要求，顶层设计教学改革工作。紧紧围绕现代职业教育新思想、新理念引领教学方法改革发展，主要依托实训室、信息化教学平台、虚拟仿真软件、智慧教室、AI应用等教学手段改进促进教学方法改革创新。具体课程教学改革依据学生岗位能力重构教学内容，通过学生入学及前导课程学习数据，绘制“一学生一初始画像”，关注学生问题行为，精准研判学情，科学合理设置课程教学目标并有针对性地设计评价体系，实施因材施教。根据专业、课程特点制定要素完整的教学策略，设计以项目任务驱动，形成“模块—项目—任务”教学内容架构，改革教学实施过程；深挖思政元素，实施“一任务一主题”的课程思政教学设计；关注“教”“学”痛点，实施分层分类个性拓展培养，强化引导，助力学生健康成长。

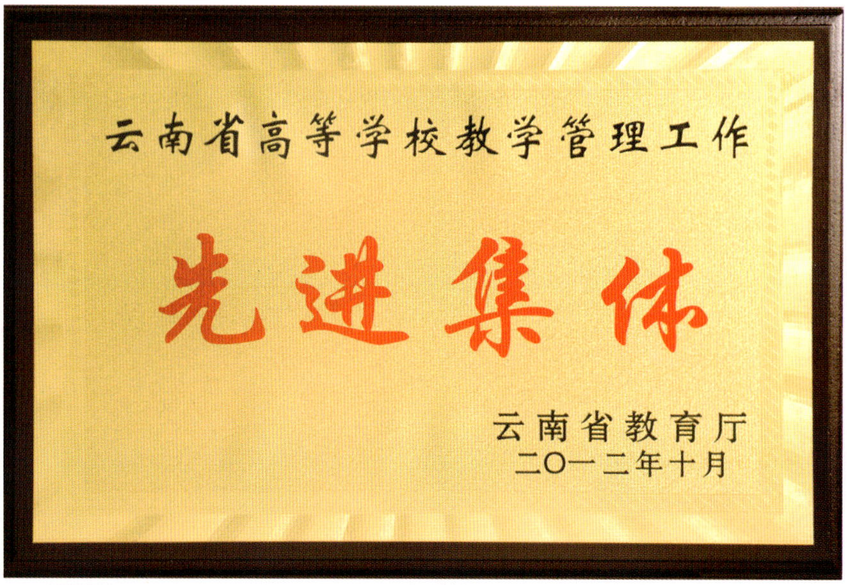

教学管理工作先进集体

建筑施工技术课程改革案例

四、实训基地支撑技能出彩

学校依托昆钢公司办学，校企深度融合，拥有得天独厚的实习实训条件。建有“校内实训基地、昆钢特色实训基地和传统校外实训基地”三位一体的实训基地体系。主要围绕八大类建设，即交通运输类、电气类、机械类、冶金类、建筑类、经管类、计算机信息类、学前与康养类。

工业机器人虚拟仿真实训室

目前，建成校内实训室103个，实训室使用面积20940平方米，教学科研设备8259台，价值10959万元。

其中，自2010年起，学校投入建设资金2000多万元，建成钢铁冶金虚拟仿真实训中心、工业机器人虚拟仿真实训室、天车工操检虚拟仿真实训基地、水泥虚拟仿真实训室、化工虚拟仿真实训室、数控加工虚拟仿真实训室、电力工程虚拟仿真实训基地、BIM工程实训中心、会计实训室、工程计量计价实训室、安全教育实训基地、现代物流数字化展示中心等10余个虚拟仿真实训中心和实训室。

配电网自动化实训室

工业机器人虚拟仿真实训室

现代物流实训基地

此外，建成校外实训基地 84 个，昆钢特色实训基地 10 个。已建成省级、国家级示范实习实训教学基地 20 个。

校外实训基地授牌仪式

表 3　学校省级及以上实训基地统计表

年度	基地名称	级别
2010	中央财政支持的实习实训基地——冶金技术专业实训基地	国家级
2017	教育部工业机器人领域职业教育合作项目应用人才培养中心	国家级
2019	教育部示范性校企共建的生产性实训基地——钢铁冶金生产性实训基地	国家级
2019	教育部示范性校企共建的生产性实训基地——物流管理生产性实训基地	国家级
2021	全国职业教育示范性虚拟仿真实训基地培育项目——现代物流虚拟仿真实训基地	国家级
2011	云南省示范实习实训教学基地——天车工操检实习实训基地	省级

续表

年度	基地名称	级别
2011	云南省示范实习实训教学基地——焊接钢结构实习实训基地	省级
2013	云南省高等职业院校专业实习实训教学基地——电气类实习实训基地	省级
2014	云南省高等职业院校公共实习实训教学基地——昆明工业职业技术学院昆钢公共实习实训教学基地	省级
2014	云南省高等职业院校专业实习实训教学基地——钢铁冶金技术专业实习实训教学基地	省级
2015	云南省高职院校产教融合示范点建设项目——“电气类专业群云南昆钢重型装备制造集团有限公司产教融合示范点”	省级
2015	云南省高职院校虚拟仿真实训中心建设项目——“钢铁冶金虚拟仿真实训中心”	省级
2015	云南省高职高专院校技能大师工作室建设项目——“钢铁冶金产品研发与工艺控制技能大师工作室”“电气类专业群电气技能大师工作室”	省级
2019	云南省示范性虚拟仿真实训中心——工业机器人虚拟仿真实训中心	省级
2019	云南省示范性虚拟仿真实训中心——数字建筑虚拟仿真实训中心	省级
2019	云南省示范性校企共建的生产性实训基地——钢铁冶金生产性实训基地	省级
2019	云南省示范性校企共建的生产性实训基地——物流管理生产性实训基地	省级
2019	云南省示范性校企共建的生产性实训基地——工程造价生产性实训基地	省级
2021	省级职业教育示范性虚拟仿真实训基地——钢铁冶金产业链虚拟仿真实训基地	省级
2023	宝武产教融合实训基地（昆明工业职业技术学院智能制造实训基地）	省级

学校依托校内外优质实习实训条件，构建“院—校—省—国家—世界”技能大赛组织及选拔机制，层层练兵，强化技能，选拔人才。每年坚持承办云南省职业院校技能大赛、云南省职业技能大赛、金砖国际技能大赛云南省选拔赛赛项，并积极组织教师代表队、学生代表队参加各级各类技能大赛。通过以赛促建、以赛促学、以赛促培，提高技术技能人才培养质量。

2024年，云南省职业院校技能大赛昆明工业职业技术学院分赛区开幕式

表 4　学校近 10 年省级以上职业技能大赛获奖统计

序号	年度	类别	一等奖（金奖）数量	二等奖（银奖）数量	三等奖（铜奖）数量	总计	获奖证明
1	2014	云南省高等职业院校学生技能大赛	3	3	4	10	获奖证书
2		第五届全国有色金属行业职业院校学生技能竞赛		1	1	2	获奖证书
3	2015	云南省高等学校学生技能大赛	2	4	6	12	云教高〔2015〕67 号
4		全国职业院校技能大赛暨第六届全国有色金属行业职业院校学生技能竞赛		1	4	5	获奖证书
5		第二届全国冶金职业院校（焊接）技能大赛		1		1	获奖证书
6		第二届“星科杯”全国冶金院校（虚拟炼钢）技能大赛			1	1	获奖证书
7	2016	云南省高等学校学生技能大赛	2	3	2	7	云教高〔2016〕29 号
8		第七届全国有色金属行业职业院校学生技能竞赛		2	1	3	获奖证书
9	2017	云南省高等学校学生技能大赛	2	4		6	云教职〔2017〕16 号
10		第八届全国有色金属行业职业院校学生技能竞赛			2	2	获奖证书
11		全国三维数字化创新设计大赛			1	1	获奖证书（龙鼎奖）
12	2018	云南省职业院校学生技能大赛	3	2	5	10	云教发〔2018〕67 号
13		全国职业院校学生技能大赛			1	1	获奖证书
14		“汉柏杯”大学生计算机设计大赛		1		1	获奖证书
15	2019	云南省职业院校技能大赛	3	6	6	15	云南省教育厅关于公布 2019 年云南省职业院校技能大赛获奖名单的通知
16	2020	云南省职业院校技能大赛	4	8	9	21	云教发〔2020〕25 号
17	2021	全国职业院校技能大赛			1	1	获奖证书
18		云南省职业院校技能大赛	7	13	10	30	云教发〔2021〕21 号
19	2022	全国职业院校技能大赛	1		1	2	获奖证书
20		金砖国家赛			2	2	获奖证书
21		云南省职业院校技能大赛	5	8	18	31	云教发〔2023〕1 号
22	2023	全国职业院校技能大赛			2	2	获奖证书
23		云南省职业院校技能大赛	6	8	20	34	云南省教育厅关于公布 2023 年云南省职业院校技能大赛获奖名单的通知（云教发〔2023〕68 号）

续表

序号	年度	类别	一等奖（金奖）数量	二等奖（银奖）数量	三等奖（铜奖）数量	总计	获奖证明
24	2023	云南省职业技能大赛暨中华人民共和国第二届职业技能大赛	1	1		2	获奖证书
25	2024	云南省职业院校技能大赛	6	13	23	42	2024 年云南省职业院校技能大赛高职组获奖名单公示
26		云南省职业技能大赛	1			1	云南省人力资源和社会保障厅　云南省教育厅　云南省总工会关于公布 2024 年全省职业技能大赛获奖和技术支持单位名单的通知
27		世界职业院校技能大赛争夺赛		2	1	3	获奖公布
28		第七届全国大学生冶金科技竞赛	1	1	1	3	获奖证书
合计			47	82	122	251	

学校学生参赛队荣获 2022 年全国职业院校技能大赛高职组金属冶炼与设备检修赛项团体一等奖

五、招生“量质”齐升，就业保持“高质量”

学校以提升教学质量为抓手，以“优质就业”为导向，通过就业促进招生，在云南省教育厅和昆钢公司大力支持下快速发展，学校招生规模从 2005 年招生 290 人，到 2024 年招生 5034 人，在校生规模近 15000 人。学校招生类别由“中专、五年制大专和三年制大专”逐步提升为“以三年制大专为主，其他类别为辅，探索本科教育为目标”的发展思路，生源结构与质量大幅提升。

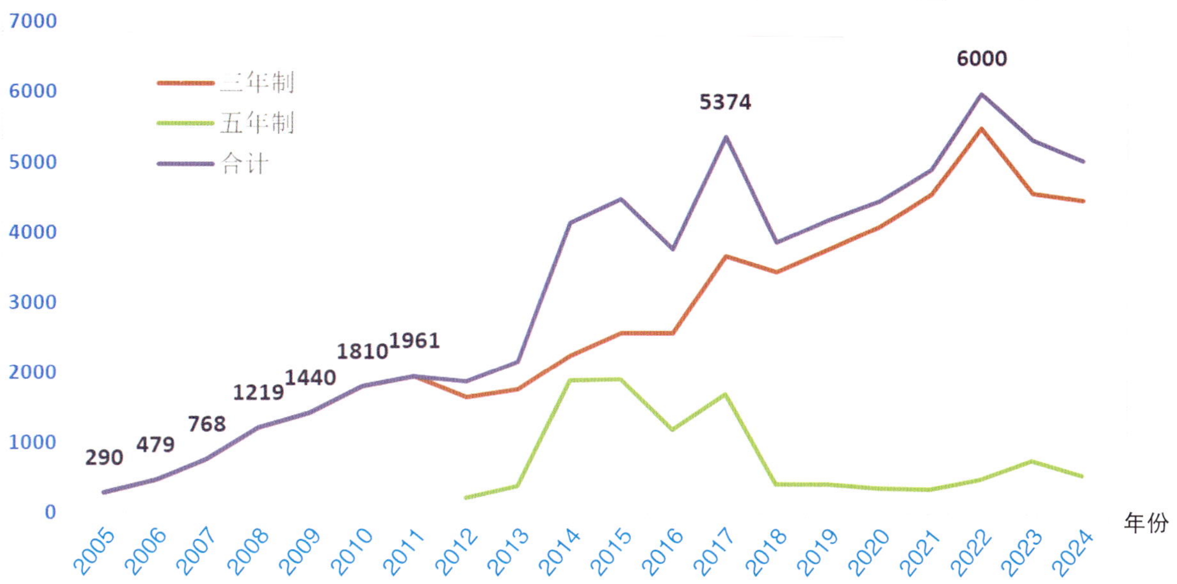

2005—2024 年三年制、五年制及年度招生人数统计

学校坚持学生“学成有业”的就业工作理念，多年持续助推毕业生高质量、充分就业。

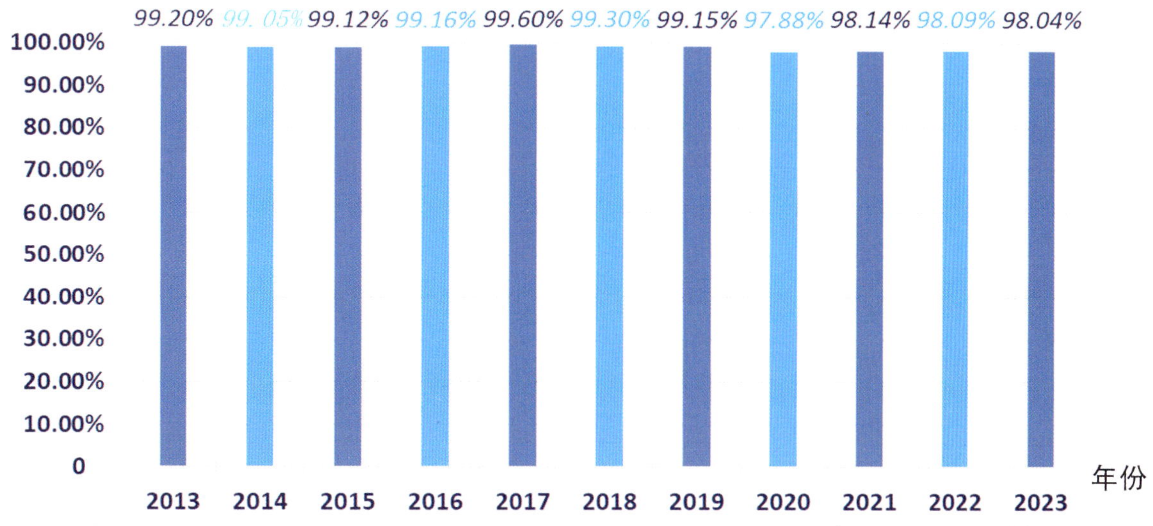

2013—2023 届毕业生年终毕业去向落实率统计

2021 年，昆明工职院秋季大型双选会

学校 2013 届优秀毕业生王加富荣获“2023 年全国高校毕业生基层就业卓越奖”。

学校 2013 届优秀毕业生王加富

学校 2016 届优秀毕业生陈丽芬荣获全国“2023—2024 年度‘高校毕业生基层就业卓越奖学(教)金’”。

学校 2016 届优秀毕业生陈丽芬

昆明工业职业技术学院是全省唯一连续两年获评的高职专科院校。

（撰稿：徐吕、沈红林、冯婷，审核：和文云）

学生活动

自建校以来，学校始终坚持“政治文化是灵魂，道德文化是基础，文体文化是关键”的建设思路，通过开展丰富的校园文化生活，提高学生的人文素养和综合素质。

一、坚持教育引导，持续提升活动质量

校园文化活动是全面培养学生的重要载体和不可或缺的平台。在学校党委的坚强领导下，学校职能部门进一步全面统筹、系统规划、科学组织学生校园文化体育活动。

多年来，学校固化了一系列品牌文化活动。例如，校园大舞台、校园好声音、校园音乐节、校园主持人大赛、篮球赛、迎新晚会、冬季运动会等。高品质的文化体育活动，已成为引领工职学子践行社会主义核心价值观的重要举措，是学校校园文化内涵建设的一个缩影。

2008年4月，学生辩论赛

2009 年 12 月，元旦文艺晚会

2012 年 6 月，学校演讲比赛

2012 年 10 月，校园大舞台（第一届）

2013 年 4 月，学校第一届校园文化体育艺术节（篮球比赛）

2016 年 12 月，迎新合唱比赛

2019 年 4 月，学校承办第 21 届 CUBA 中国大学生篮球二级联赛（西南赛区比赛）

2019年12月，昆钢党校60周年文艺晚会

2023年11月，全国啦啦操锦标赛（获3个项目第一名、1个项目第二名）

2023 年 12 月，云南省体育舞蹈总决赛(获 1 个项目第一名、1 个项目第二名、1 个项目第四名)

2023 年 12 月，“最美的歌献给党”师生合唱比赛

2024 年 11 月，学生冬季运动会开幕式

二、鼓励学生组织建设，丰富校园文化活动

百舸争流，百花齐放。近年来，学校学生组织的文化品牌展现出独特魅力，学生组织规模不断增大，涵盖面日趋广泛。

学校高度重视学生组织建设，自 2021 年以来，每年严格按要求组织召开学生代表大会，维护学生的合法权益和民主权利，鼓励学生为学校发展建言献策。

目前，学校有校级学生会 1 个、二级学院学生会 8 个，服务学校职能的学生组织 7 个，其他学生社团 30 个，参与学生组织的人数约 10000 人，占在校学生总数的 70%。学生组织的健康发展对丰富校园文化活动起到重要作用。

2024 年 11 月，昆明工业职业技术学院第五次学生代表大会

2021 年 12 月，奥运冠军进校园主题活动

2013 年 12 月，学生乐队举办演唱会

2018 年 5 月，学生社团文化节活动

2023 年 4 月，“奋斗的底色”书画展

三、持续开展志愿服务，加强学生社会实践能力

学校始终坚持拓展学生的社会实践和志愿服务领域，构建课内与课外相结合、校内与校外相结合、专业实践与社会实践相结合，分年级、分层次地践行课外“阶梯式”实践育人体系，切实提高青年学生奉献与服务社会的意识和实践能力。

多年来，学校青年志愿服务队获安宁市“最佳志愿服务队”、安宁市“新时代最美安宁典型—最美志愿团队”荣誉称号。学校志愿服务队获评安宁市委、市政府颁发的全国文明城市创建复查工作“先进工作单位”、昆明市2020年度最佳志愿服务、“昆明市级无偿献血优秀组织单位”、云南省第二届新时代文明实践志愿服务大赛三等奖等荣誉称号。在第五届中国青年志愿服务项目大赛中，《校(孝)老爱亲—爱老敬老》项目获全国铜奖，在云南地方赛获金奖。

2007年3月，学生参加劳动实践

2018年11月，无偿献血活动

2020 年 10 月，开展重阳敬老活动

2023 年 7 月，暑期“三下乡”社会实践活动

2024 年 3 月，学雷锋志愿服务活动

四、丰富创新创业教育，增强学生就业能力

学校将创新创业教育贯穿育人全过程，启发学生创新创业思维，帮助学生转变思想，从被动接受转变为主动接受创新创业教育，积极营造创新创业校园文化氛围。自 2016 年以来，学校组织参加云南省“互联网+”创新创业比赛 9 届，参赛队伍 2149 支，参赛人数 8329 人次。2023 年在第十八届“振兴杯”全国青年职业技能大赛学生组创新创效竞赛全国决赛中，学校获优胜奖 2 项；2024 年在第十一届“挑战杯”云南省大学生创业计划竞赛中获金奖 1 项。学校累计获国家级奖项 2 项，省级金奖（一等奖）3 项，银奖（二等奖）12 项，铜奖（三等奖）62 项，优胜奖 36 项。通过创新创业活动的开展，进一步提高了学生社会适应能力、就业能力。

2020 年 10 月，参加安宁市创新创业大赛（获银奖 1 项、铜奖 2 项、优秀奖 2 项）

2023年7月，参加“工行杯”第9届云南省“互联网+”大学生创新创业大赛(获银奖3项、铜奖4项)

2024年6月，参加第十一届“学创杯”全国大学生创业综合模拟大赛云南省选拔赛(获三等奖1项)

2024 年 6 月，参加第十一届“挑战杯”云南省大学生创业计划竞赛(获金奖 1 项、铜奖 6 项、优秀奖 8 项)

五、重视心理教育，促进学生身心健康

2021 年 8 月，学校心理健康教育与咨询中心建成并投入使用。中心室内建设面积 300 平方米，负责开展学校师生的心理健康教育培训、团体辅导、个体咨询、社团建设、新媒体宣传等工作。

为保障学生的心理健康，学校每年组织新生参加教育部“大学生心理健康状况测评”，测评结束后对结果进行分析。有针对性地组织呈现出一级、二级心理问题的学生进行复测，以辅导员谈心谈话、心理教师一对一咨询，以及团体辅导等方式帮助新进大学生以积极的心态面对困难和问题，更好地适应校园学习生活。同时，从社区中获取学生心理健康工作的资源，将知名的精神卫生临床医生请进学校，为学生做心理健康、精神卫生保健、人际沟通等专题讲座，促进学校学生进一步客观认识大学生常见的心理问题，树立科学的心理疾病诊疗意识，提升主动调适心理状态的能力。

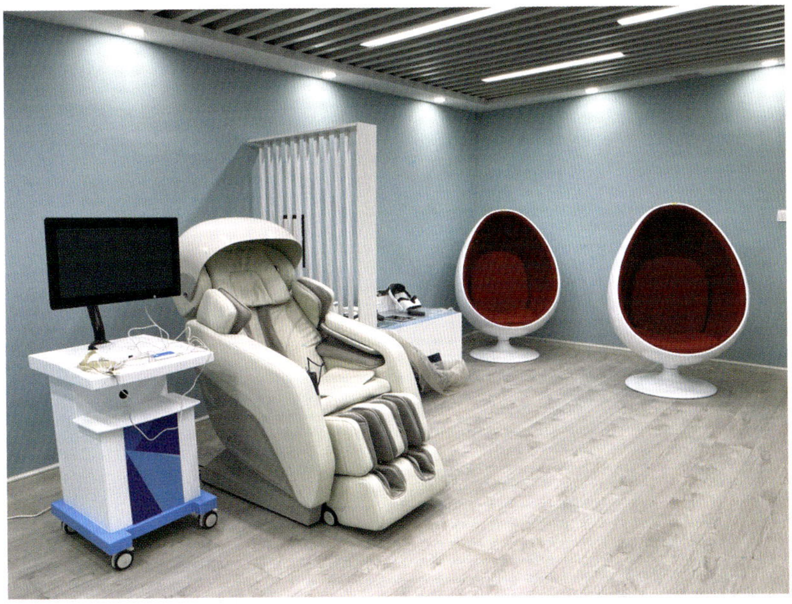

学校心理健康教育与咨询中心

“5·25”(我爱我)心理健康活动日，校领导签名寄语

“5·25”(我爱我)心理健康活动日主题签名

“5 · 25”(我爱我)心理健康活动日系绿丝带

辅导员团体辅导活动

（撰稿：吕潍威，审核：张辅陈）

师资队伍

一、挖潜增效，师资队伍结构不断优化

1992 年，昆钢电、职大教师人数共 72 人，其中，硕士研究生学历 1 人，本科学历 39 人，专科及以下学历 32 人。

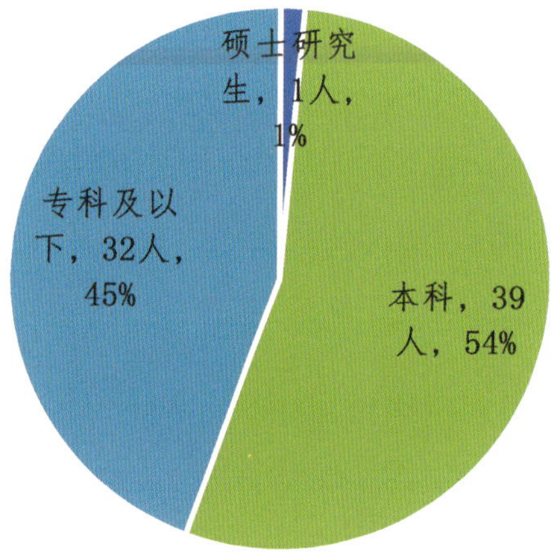

1992年学历学位情况

2002 年，昆钢电、职大专兼职教师人数共 141 人，其中高职 25 人，本科 104 人，“双师型”教师 66 人，占比 47%。2024 年，昆明工业职业技术学院教师人数共 313 人，其中“双师型”教师 176 人，占比 56%。2024 年较 2002 年，“双师型”教师人数增加 110 人，占比提升 9%。

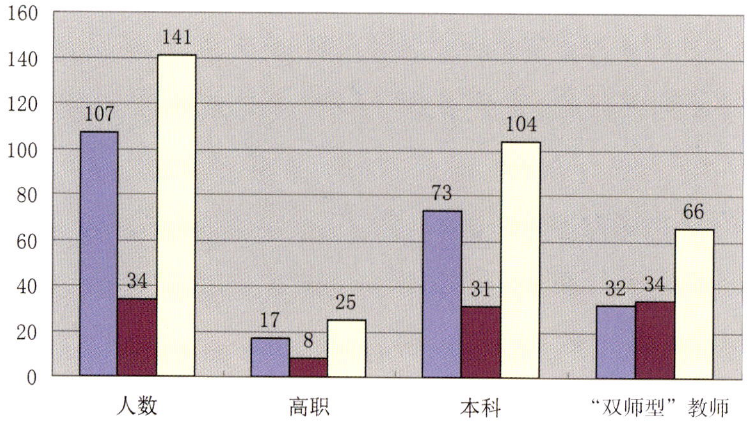

学院建校初期专兼职教师情况

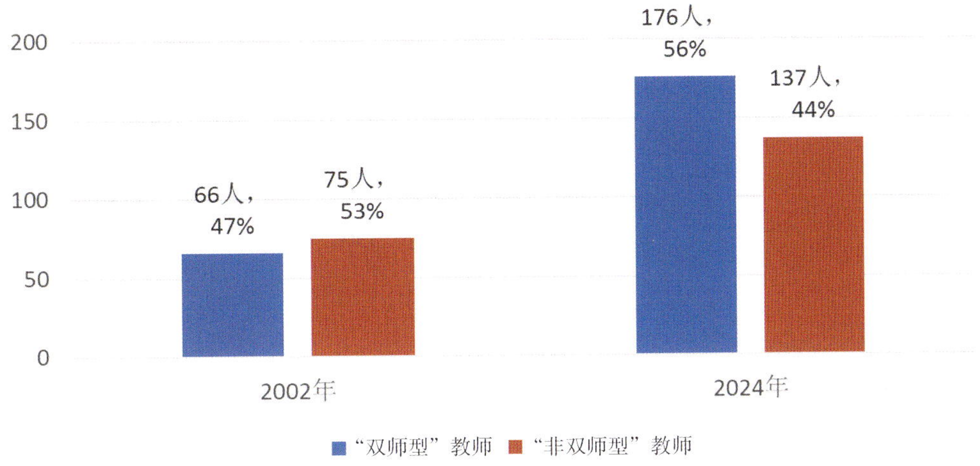

2002—2024年"双师型"教师情况对比

近年来，学校多渠道加大从高校、行业、企业引进师资的力度。通过招聘引进，学校师资队伍素质得到极大增强。2011 年至今，从各大高校和企业等多渠道共招聘 322 人，2024 年底，学校教职工稳步增加至 314 人，其中：博士研究生学历 1 人，硕士研究生学历 147 人，本科学历 160 人，专科及以下人员 5 人。

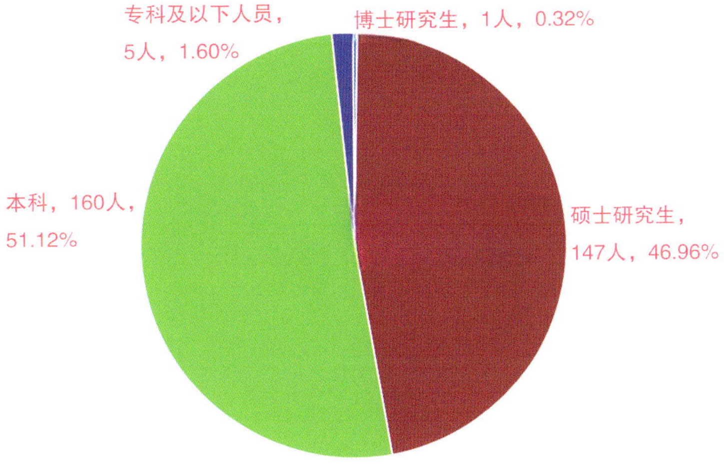

2024年学历学位情况

学校对在职攻读硕士、博士学位的教师给予政策倾斜和更加有力的经费支持。2024 年学校博士研究生实现了零的突破，目前在读博士 8 人、在读硕士 10 人。

学校 2018 年、2019 年陆续获得副教授、教授评审权，并组建评审会自主评审，改善师资队伍的职称结构。相较于 2017 年，具有高级以上专业技术职称教职工比例明显提高，职称结构更趋合理，学校师资队伍专业技术水平迈上新台阶。

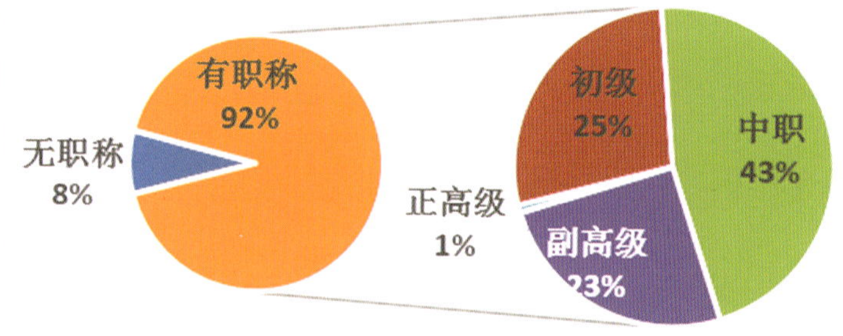

2017年职称结构

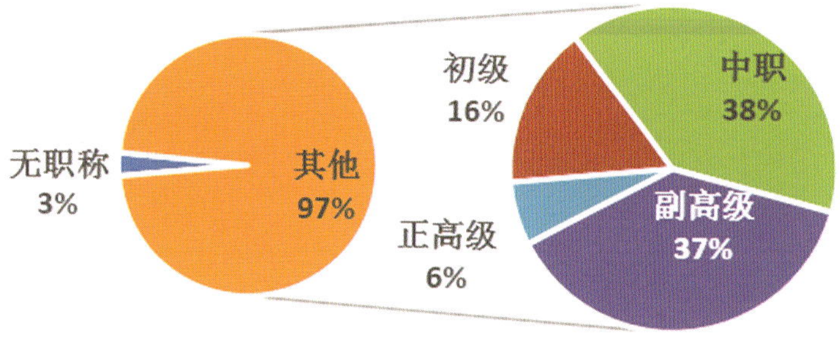

2024年职称结构

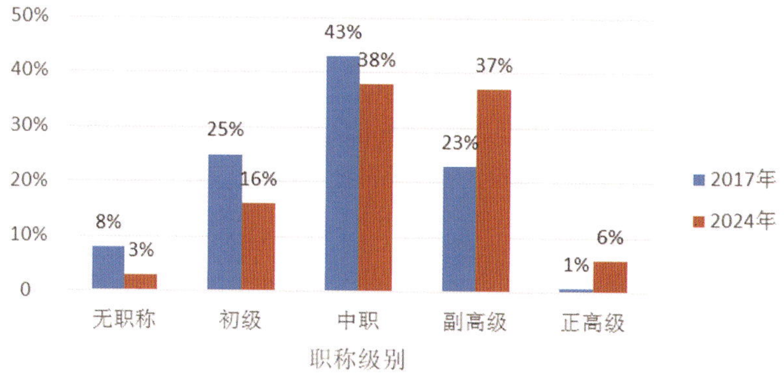

2017年与2024年职称结构对比

二、多措并举，打造高素质“双师型”教师队伍

学校坚持教师下厂实践制度，每年暑期专业教师必须下厂实践锻炼，骨干教师实行下厂6个月的专业实践锻炼，积极打造“双师型”教师。2023年有151名教师被认定为“双师型”教师，2024年有25名教师被认定为“双师型”教师。现在学校“双师型”教师共计176名，其中：高级11名，中级158名，初级7名。

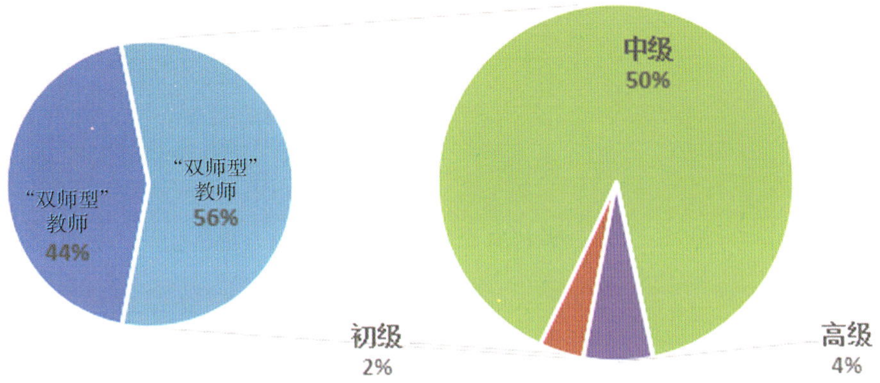

2024年“双师型”教师情况

三、锚定需求，丰富教师培养培训形式

通过“分层分类，内外结合”的方式，加大力度培养教学水平高、教科研能力强、实践能力扎实、社会服务能力强的骨干教师。

2013年，学校组织教职工培训仅56批次，学校教师各类培训1739人次。到2023年，教职工已达到122批次、2225人次的规模，人均124.13学时。10年间培训批次增长117.86%，人次增长27.95%，培训规模明显扩大，质量明显提高。

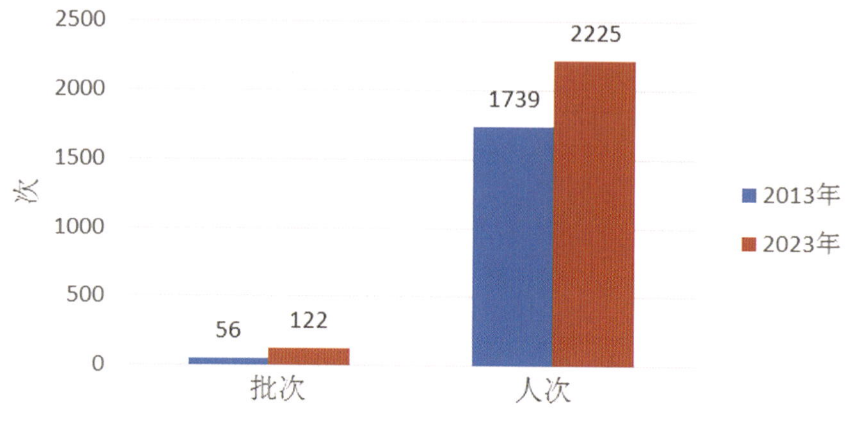

2013年2023年培训情况对比

四、薪火相传，构造青年教师成长平台

学校对新进教师实施“师徒带教”制度。2016年至今，已有130名新进教职工完成“师徒带教”学习任务，帮助新进教职工更好地适应工作环境，更快地掌握工作内容，取得了较好的工作效果。

五、拓宽渠道，建设高水平兼职教师团队

借助昆钢公司人才储备优势，聘任名誉教授、兼职教授、兼职教师，建立校外兼职教师 400 余人的人才库，目前使用校外兼课教师 162 人。学校招募银龄教师 10 余名，选聘产业导师 1 人。

六、育英培优，赋能高层次人才不断成长

学校高度重视教学团队的建设，以专业建设、课程建设、教学基地建设、教学研究项目建设等为重点，增强教学创新能力，对专业带头人、骨干教师、优秀教学团队加强培养，营造出专业带头人干事创业的良好环境。

多年来，学校积极推选优秀教师和团队参加全国教书育人楷模、云南省最美教师、云南省“兴滇英才支持计划”等各类人才评选、项目申报。学校的人才队伍建设已取得明显成效，为学校的可持续发展打造了高水平的师资队伍。

表 5　高层次人才

序号	人才类别	级别	人数	人员姓名
1	全国技术能手	国家级	1	林安川
2	教育部职业院校中国特色学徒制教学指导委员会副主任委员	国家级	1	刘伟
3	“兴滇英才支持计划”教学名师	省级	4	刘伟、黄静、张龙、姜国庆
4	“兴滇英才支持计划”首席技师	省级	2	林安川、杨跃
5	省级技术创新人才	省级	2	万春红、王涛
6	省级辅导员名师工作室	省级	1	梅晓芳
7	省级技能大师工作室	省级	3	黄静、周辉林、赵国宏

师资队伍发展成效与风采展示：

- 2011 年 冶金专业获省级优秀团队
- 2012 年 电气专业获省级优秀团队
- 2013 年 机械专业获省级优秀团队
- 2014 年 1 名教师获评云南省“云岭教学名师”
- 2015 年 获评云南省金属材料类铝的合金化技能大师工作室；获评云南省电气类专业群电气技能大师工作室
- 2016 年 1 名教师获评云南省“云岭教学名师”
- 2018 年 1 名教师获评云南省“兴滇英才支持计划”教学名师
- 2019 年 1 名教师获批省级辅导员名师工作室培育对象；获评云南省焊接技术及自动化技能大师工作室；1 名教师获评云南省“兴滇英才支持计划”首席技师
- 2020 年 引进云南省技术创新人才 1 人
- 2022 年 1 名教师获评云南省“兴滇英才支持计划”教学名师；引进云南省技术创新人才 1 人、“兴滇英才支持计划”首席技师 1 人
- 2023 年 1 名教师获评云南省“最美教师”；1 名教师获评云南省“优秀教师”；1 名教师获评云南省“兴滇英才支持计划”教育人才；1 名教师获批“兴滇英才支持计划”支持首席技师专项项目；“钢铁智能冶金技术”和“现代物流管理”专业获云南省第一批职业教育教师教学创新团队立项建设单位。“统计与会计核算”和“工业机器人技术”专业获云南省第二批职业教育教师教学创新团队立项建设单位。

教育部职业院校中国特色学徒制教学指导委员会副主任委员、云南省“万人计划”省级教学名师　刘伟

全国技术能手、云岭工匠、“兴滇英才支持计划”首席技师　林安川

云南省教学名师　张钢

云南省技术创新人才　万春红

云南省高等教育教学名师、省级名师工作室、云岭教学名师　黄静

云岭教学名师、省级教学名师、省级教学团队带头人　张锦华

云南省电气类专业群电气技能大师工作室　周辉林

“兴滇英才支持计划”首席技师
杨跃

云南省技术创新人才　王涛

云南省赵国宏焊接技能大师工作室　赵国宏

云南省首届辅导员名师工作室　梅晓芳

“兴滇英才支持计划”教学名师　张龙

云南省最美教师、
云南省优秀教师、
“兴滇英才支持计划”
教育人才
姜国庆

省级教学团队——机电专业

省级教学团队——电气专业

省级教学团队——冶金技术专业

钢铁智能冶金技术教育教学创新团队

现代物流管理教育教学创新团队

统计与会计核算教育教学创新团队

工业机器人技术教育教学创新团队

（撰稿：张逸茜、彭韵、崔瑾，审核：梅晓芳）

校企合作

一、立足“校企一体”特色，不断深化产教融合

2002年5月13日，昆明工业职业技术学院正式改制成立。随着《国务院关于大力推进职业教育改革与发展的决定》的颁布，“校企合作”办学模式、“工学结合”人才培养模式等被相继提出，成为当时职业教育产教融合发展的关键词。学校围绕“校企一体”的办学特色，开启“校企双主体”育人之路。与昆钢公司在学生实训实习、实训基地建设、毕业生就业等方面开展了深入合作。

2008年，为了进一步贯彻落实2005年发布的《国务院关于大力发展职业教育的决定》，以昆钢为主体、昆明工业职业技术学院为龙头组建了“云南工业职业教育集团”，于2008年9月1日正式挂牌成立。云南工业职业教育集团的成立，标志着学校“校企合作、产教融合”步入了新的发展阶段。

2008年9月1日，云南工业职业教育集团挂牌成立

二、以产教融合为主线，推动职业教育改革发展

自2008年以来，学校在深化产教融合、校企合作方面先行先试、率先突破、示范引领。围绕职业教育改革发展“一体两翼五重点”布局，以职教集团、行业产教融合共同体和市域产教联合体建设为主线，以“中国特色学徒制”人才培养为抓手，构建起高质量发展的产教融合平台。

（一）职教集团建设情况

云南工业职业教育集团是2008年经云南省人民政府同意、教育厅批准，以昆钢集团为主体，以学校为牵头单位，相关职业院校、企业在自愿、平等、互利的基础上组成的跨地区、跨行业、多层次、综合性的职业教育集团。云南工业职业教育集团成立16年来，努力构建具有现代职教特色的技术技能人才和高素质劳动者培养体系。致力于提升职业院校的综合实力，打造云南职教特色品牌，带动云南职业教育向规模化、集团化、连锁化方向发展；致力于推动院校和企业共同发

云南工业职业教育集团理事会换届大会

展，更好地为云南经济社会发展服务。围绕建设目标，充分发挥校企一体优势，充分调动集团成员单位的办学资源，创新职教集团办学模式，取得了一系列建设成果。集团影响力不断扩大，已由成立之初的 1 所高职院校、1 所中职学校、29 家企业成员单位扩充到现在的 111 家成员单位。汇集省内企业 47 家，省外企业 36 家，高校 12 所，中职学校 8 所，政府部门 5 个，行指委 3 个，形成了多主体参与的职教大家庭。

善始善终，善作善成，集团建设硕果累累。2018 年云南工业职业教育集团被评为“云南省示范性职业教育集团建设单位”。2020 年入选国家首批示范性职业教育集团(联盟)培育单位。牵头单位学校 2015 年被确定为“教育部首批 100 所现代学徒制高职院校”，2018 年 12 月通过验收；学校积极整合集团资源，产教深度融合，创新提出“三区四化六融合”人才培养模式，以该模式为核心的国企办学模式荣获 2018 年职业教育国家级教学成果二等奖。

云南现代物流职业教育集团(联盟)成立大会

2021年学校围绕“双高”专业群，发挥专业优势，牵头组建云南现代物流职业教育集团(联盟)，集团由55家成员单位共同组建。其中，省内企业18家，省外企业9家，行指委3个，政府3个，中职学校8所，高职院校14所。

(二)行业产教融合共同体建设情况

为深入学习贯彻党的二十大精神，落实2022年12月中共中央办公厅、国务院办公厅印发的《关于深化现代职业教育体系建设改革的意见》，深化产教融合、校企合作，培养更多高素质技术技能人才、能工巧匠和大国工匠，提升学校服务行业企业技术改造、工艺改进、产品升级等能力，学校积极推进和参与行业产教融合共同体、市域产教联合体建设。学校牵头成立行业产教融合共同体3个，加入行业产教融合共同体52个，参与市域产教联合体4个。

云南物投智慧物流园区产教融合共同体授牌仪式

云南钢铁行业产教融合框架协议签约仪式

2023 年 3 月 10 日，学校与云南省钢铁行业协会形成双主体，共同牵头成立全省、全国第一个行业产教融合共同体——云南钢铁行业产教融合共同体，共同体涵盖了全省主要的八大钢铁企业，八大钢铁企业年总产值 3000 多亿元。此后，学校又分别与云南省物流投资集团有限公司（王家营宝象物流园区、大理现代物流园区）和云南省水泥协会于 3 月 31 日和 4 月 18 日，牵头成立了云南物投智慧物流园区产教融合共同体、云南水泥行业产教融合共同体。其中，云南水泥行业产教融合共同体省内水泥企业成员单位年产值 300 多亿元，占全省水泥行业总产值的 75% 以上，年覆盖在岗职工 70000 余人。

云南水泥行业产教融合共同体授牌仪式

三个行业产教融合共同体汇集政、校、行、企多方优质资源。云南钢铁行业产教融合共同体，共有成员单位 26 家，共同体包含企业 10 家、行业组织 1 家、科研及创新单位 1 家、本科院校 1 家、高等职业院校 4 家、中职学校 9 家。云南物投智慧物流园区产教融合共同体，共有成员单位 26 家，其中普通高校 1 所，高职院校 4 所，中职院校 1 所，行业协会 1 个，企业 19 家。云南水泥行业产教融合共同体，共有成员单位 22 家，其中，高职院校 3 所，中职院校 7 所，行业协会 2 个，企业 10 家。

（三）构建高质量发展的产教融合平台

依托两个职教集团和三个行业产教融合共同体，学校构建汇集政、校、行、企多方优质资源的产教融合平台。依托平台建设，学校还与江苏省苏州市张家港市人社局、浙江省嘉兴市秀洲区人力资源和社会保障局、云南省文山州广南县等政府机构携手，开展政、校、企合作。

学校与浙江省嘉兴市秀洲区人社局共建实践基地揭牌仪式

学校与江苏省苏州市张家港人社局开展政校合作协议签字仪式

学校与云南省文山州广南县开展政校合作交流

近年来，学校不断深化校企合作，与诸多优质企业在设备、师资、技术人员、教育技术信息、实训基地、职业技能鉴定、毕业生就业、产教融合等方面开展了全方位合作。

深圳迈瑞医疗向学校捐赠数控加工中心

合作企业向学校捐赠设备

学校与企业共同开展实践课程

学校与云南物投集团联合成立云南现代物流产业学院

政校企联合开展“喜迎二十大　弘扬红船精神”拓岗促就业活动

学校产教融合工作案例《发挥校企一体优势　实施六个共同推进　深化产教融合改革》，成功入选教育部中国教育发展战略学会产教融合专业委员会“2021 产教融合校企合作典型案例”。

三、以“中国特色学徒制”为重点，提高职业教育人才培养质量

1955—2002 年，昆钢职工业余学校、昆钢技工学校开始了“招生即招工”人才培养模式探索。将新招用的员工直接纳入技校招生计划，实现招生与招工的同步进行。学生入企即入校，被录取的员工在进入企业工作的同时，也正式成为学校的学生，开始接受系统的职业技能培训。昆钢技校“招生即招工”人才培养模式是一种高效、实用的人才培养方式，有助于提升企业员工的专业技能和职业素养，为企业发展提供有力的人才保障。

2014 年 5 月，国务院印发《关于加快发展现代职业教育的决定》要求“开展校企联合招生、联合培养的现代学徒制试点”，标志着我国现代学徒制改革试点工作正式拉开序幕。此后，国家分三批布局了 562 个现代学徒制试点，覆盖 1000 多个专业，每年惠及 9 万余名学生(学徒)。

现代学徒制拜师仪式

2015 年，学校获教育部首批 100 所现代学徒制试点高职院校，2018 年通过验收。2016 年昆钢职业技能培训中心获云南省首批现代学徒制试点单位，与学校共同开展新进职工“师带徒”人才培养探索，2019 年通过验收。

(一)现代学徒制人才培养

近年来，学校积极落实“双主体、双身份、双导师、双证书”人才培养，实现专业建设与产业需求、课程标准与职业标准、教学过程与生产过程、毕业证书与职业资格证书、职业教育与终身学习对接，不断提高人才培养质量和针对性。目前，学校现代学徒制已推广到 25 个专业，招生 9944 人，合作单位 23 个，聘用企业师傅 268 人，投入经费达 1200 余万元。

学校与深圳迈瑞医疗开展现代学徒制合作

现代学徒制第二届“隆基班”开班仪式

（二）新进职工“师带徒”培养

培训中心与学校开展“招工招生一体化培训、校企一体人才培训、双导师专兼职师资队伍、双主体实训条件、现代学徒制人才培训体系、教学管理机制、培训项目管理制度”多项探索实践。项目共开展 4 期昆钢公司新招大学毕业生培训班合计 951 人，3 期学校新进教师培训班合计 131 人。

2019 年大学生职前训练营“青春林”植树活动

（三）企业新型学徒制培养

依据《关于全面推行企业新型学徒制的意见》等精神，采取“企校双制、工学一体”的模式共同培养学徒。培养对象为“与企业签订 1 年以上劳动合同的企业技能岗位新招用和转岗等人员”。

企业新型学徒制培训

项目共组织25个单位2630名学徒参加培训，涉及14个专业、18个工种。2020年，学校与昆钢公司开展企业新型学徒制人才培养，结合企业发展和产业升级的要求，针对机电设备安装与维修、电气自动化设备安装与维修、健康服务与管理、有色金属冶炼四个专业开设企业新型学徒制班，为解决工学矛盾的问题，培养采取集中面授和线上培训相结合的方式进行，共培养企业新型学徒447人。

（撰稿：冯婷，审核：朱斌、沈红林）

社会服务

一、初创阶段(建校至2001年)

昆明工业职业技术学院自建校以来，一直将人才培养视作推动区域社会进步与服务企业发展的核心力量，构建了多层次、宽领域的培训教育体系，旨在满足不同群体的学习与发展需求。学校的教育培训工作经历多个重要发展阶段，逐渐形成了特色鲜明、优势明显的培训服务体系，为区域经济社会发展输送了大量管理、技术、技能人才。

1. 学校的培训工作脱胎于昆钢公司的职工培训。1953年，105厂在人事科设立教育组；1959年，昆钢在人事处设教育科，至1982年，培训工作的主要内容为：职工业余文化教育，举办各种扫盲班；技术培训教育，举办各种专业培训班、学习班，组织各种技术比赛和技术考核；组织各种外出培训等。

2. 1978—1993年，昆钢的职工培训、成人教育重点放在文化补习、职业技术教育、大中专学历培训和干部岗位培训上。1981年1月，昆钢职工业余学校成立。1983年初，昆钢成立职工培训中心。1986年12月，昆钢职工培训中心更名为昆钢职工培训处。

成人教育和职业技术教育随着生产建设的发展和经济效益的提高而得到相应的发展，职工培训工作大体经历了由文化教育到“双补”(文化、技术补课)，由“双补”到中级(干部中专、工人中级技术)培训，由中级培训到全员岗位培训三次转变。

1990年，中共昆钢党校第四期党支部书记培训班结业合影

“双补”培训，到1985年末，文化补课合格6009人，合格率81%；技术补课合格8405人，合格率为94%。“双补”尚不合格的职工，后来经补培达到合格。

职工的中级技术培训，1986—1993 年，有 11476 人取得培训合格证书。

干部岗位培训工作，1985—1987 年，39 名领导干部参加国家统考合格；1988 年送培 20 名领导干部，1992 年送培 32 名领导干部，均取得了岗位职务培训合格证书。

科级及一般干部的岗位培训，1987—1993 年，昆钢职工大学共举办了 23 期 1955 人参加的培训班，有党支部书记、车间主任及财务、安全、档案、公安、工程概算、计划、统计、劳资、人事、科技等部门的干部参加培训，并取得了岗位培训合格证书。此外，还开展了大量短期应急培训。

1984—1990 年，累计全司培训人数达 50688 人次。1984—1994 年，全司共培训各种干部 34526 人次，培训工人 55948 人次。

1992 年 11 月，昆钢职大通过省教委办学评估，被授予“云南省成人高等教育先进学校”称号。

3. 自 1994 年起，根据生产需要，培训重点转为工人岗位培训、技术技能培训和技术等级培训。1998 年 4 月，昆钢党校并入职工大学，成立昆钢职工培训教育中心。

1994—2001 年，共组织岗位技术等级培训、班组长管理知识培训、短期适应性培训和职工职业技能培训等各类培训 58251 人次，培训充分贴合企业生产需要，有效提升了职工技术技能水平，确保技术人员能按要求持证上岗。

昆钢劳务用工安全教育培训班

职工计算机培训

二、发展阶段(2002 年至 2021 年)

为适应国家高等职业技术教育发展的需要，2002 年 5 月，昆明工业职业技术学院成立，仍承担昆钢职业技能培训中心工作职能。学校始终坚持服务区域经济发展、产业振兴发展需要，坚持服务昆钢战略发展、助力职工素质提升需求，秉承“传承企业文化，积淀昆钢历史”的责任和使命，主动融入并服务国家“一带一路”倡议、云南建设“面向南亚东南亚辐射中心”战略，坚持“为学生成长赋能，为社会发展增值”的办学理念，秉承“学以致用，德优技高”的校训，按照“职业学历教育+职业技能培训”的发展定位，形成了“校企一体，铸钢铸才”的办学特色，紧密贴合市场及产业需求，开展了一系列深入、系统的培训及鉴定考试工作。

2006 年，昆钢中青年干部培训班结业留影

2007 年，昆钢第二期党支部书记培训班结业留影

2008 年，红钢公司科级管理人员培训班结业留影

2009 年，昆钢车间主任(作业长)培训班结业留影

2011 年，昆钢第一期班组长培训班学员拓展训练合影

2012 年，昆钢第三期党支部书记及基层党务工作者培训班合影

(一)培训工作

2005 年 11 月，昆钢职工培教中心经云南省劳动和社会保障厅批准，学校成为省级高技能人才培养基地。之后，积极推动培训资质申请、申报，先后获得“全国冶金行业技术技能人才培养示范基地”、“优质省级职教师资培养培训基地”、云南省人社厅批准设立的“昆钢职业培训站”、云南省应急管理厅批准设立的安全培训中心等多种优质培训资质，是西南片区唯一一个、全国 5 个“钢铁行业专业人才继续教育基地”之一，也是云南省首家挂牌的“测绘地理信息行业高技能人才培训鉴定基地”。

获得的部分资质、荣誉

为服务企业和区域发展，提高技能人才培养水平，不断加大技能人才培养工作力度，全面贯彻落实《国务院办公厅关于印发〈职业技能提升行动方案(2019—2021 年)〉的通知》文件精神，发挥高职院校技能人才培养主阵地作用，学校 2019 年组织职业技能培训 10 期 526 人次、2020 年组织 109 期 8315 人次、2021 年组织 5 期 474 人次，三年合计组织职业技能培训 124 期 9315 人次。培训内容涵盖劳动关系协调员、焊工、电工、西式面点师、茶艺师等职业资格证书培训；小儿推拿、妆面定制等专项能力证书培训；办公文员、计算机操作、通用职业素质等培训合格证培训等。2019 年，学校有 7 个专业通过云南省教育厅评审立项及备案，获评省级高水平骨干专业。在职业技能提升培训组织过程中，学校充分依托专业、师资、场地等优势，做到资源共享、高效整合、引领示范，为开展职业技能提升培训工作提供了有力保障。

部分职业技能提升培训项目

职业技能提升行动相关培训的组织，进一步完善了培训体系建设，使培训工作与人力资源管理、人才晋升渠道相融合，为学生赋能、为企业赋能夯实基础。同时，有效推进了企业职业技能等级自主认定体系搭建。在此基础上，学校还配合昆钢公司人力资源部，于 2020 年 3 月成功申报云南省企业职业技能等级认定资质，获得 183 个工种的企业自主认定资格。

丰富的培训内容

多元的培训形式

20 年间，学校扎实开展各级各类培训项目，共组织党建类、管理技术类、职业技能类、安全生产类及其他类培训 238108 人次，培训对象包括昆钢及周边企业管理人员、技术人员、操作人员、在校学生等，年均培训 12000 人次。为昆钢干部职工搭建了最广阔的学习平台、提供了最优质的教育资源；有效提高了昆钢公司“三岗”人员的综合素质，减轻职业危害、防范伤亡事故，为昆钢公司生产经营和转型发展保驾护航；也为昆钢公司、钢铁行业乃至整个区域经济的发展提供了最坚实的人才支撑。

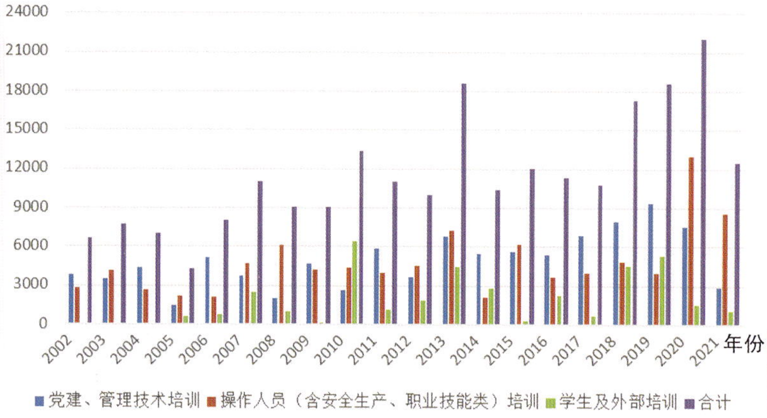

昆明工业职业技术学院培训人次统计（2002—2021）

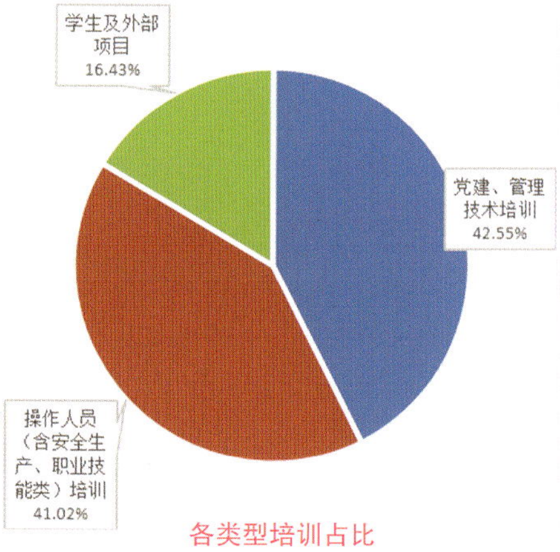

各类型培训占比

在此期间，学校多次获得“全国企业职工培训教育先进单位”“全国企业职工培训教育百强单位”等荣誉称号。

获得的部分资质、荣誉

（二）鉴定及考试工作

经云南省人力资源和社会保障厅批准，1999 年 11 月，在昆钢劳动人事处建立“云南省第 127 职业技能鉴定所”。2009 年，“127 职业技能鉴定所”并入学校（昆钢职业技能培训中心），按照国家和省人力资源和社会保障厅技能鉴定的相关规定，负责冶金 96 个行业特有工种的鉴定及昆明工业职业技术学院学生的职业技能鉴定工作。“127 职业技能鉴定所”同时又是冶金行业特有工种职业技能鉴定站，机构编码为 55003054，即 54 站，2003 年 5 月，经劳动和社会保障部培训就业司批复同意成立。

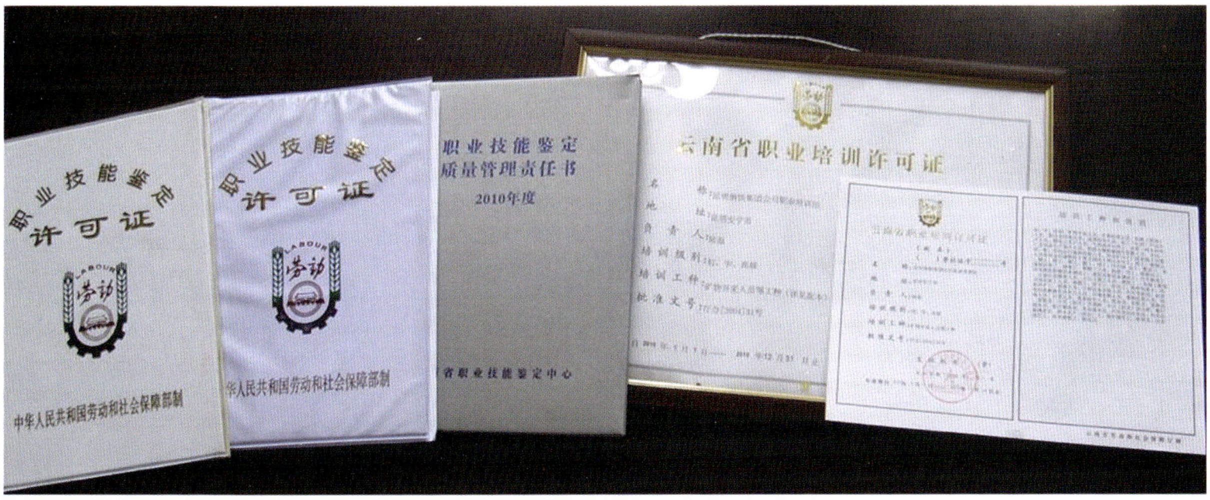

相关资质证书

2015 年，按照昆钢公司要求，职工安全培训和考试职责从安监部划到学校（昆钢职业技能培训中心）。2016 年 6 月，学校建成了安全生产资格考试理论考点，成为云南省安监局正式下文公布的首批 10 个安全生产理论考试点之一。2017 年，通过审查建设方案、实施建设、报批省安监部门验收等步骤，学校成功申报云南省应急管理厅安全生产考试点资质。2018 年 4 月，又获批云南省煤气作业安全技术实操考场资质，成为云南省唯一的煤气工实操考点。

2008 年 7 月，钳工技师鉴定考试

2018 年，昆钢职业技能培训中心首批煤气作业安全技术实际操作考试

依托上述资质，学校积极开展各类职业技能鉴定及安全生产考试工作，为职工、学生提升技能水平、提高综合素质提供了优质服务。2007—2021 年，学校共组织各类鉴定及考试 1133 场，共计 69223 人次，年均 4600 余人次。

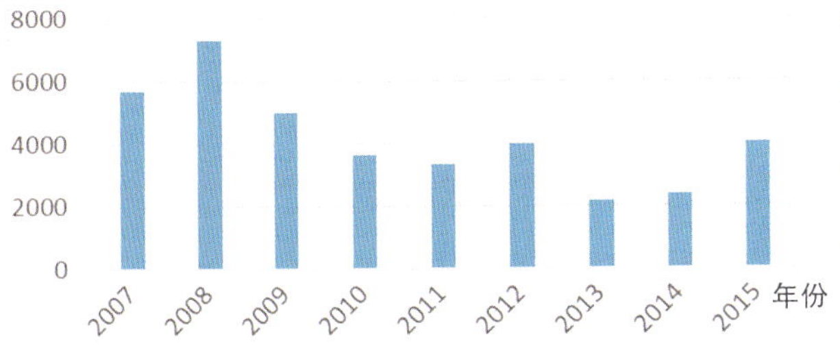

昆明工业职业技术学院技能鉴定人数（2007—2015）

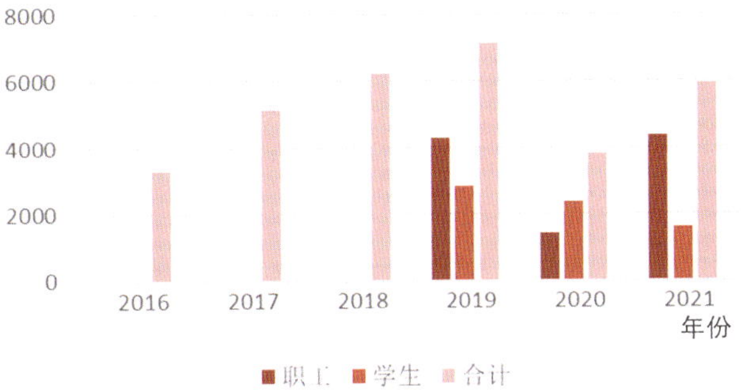

昆明工业职业技术学院鉴定及考试人次（2016—2021）

学校配合昆钢职业技能鉴定站，鉴定及考试工作取得了显著的成效。合格率/通过率超过80%，确保关键岗位技术人员持证上岗；有效提升了职工个人技术技能，增强了职工的职业安全感，也为企业的生产经营及安全生产提供了有力保障；荣获云南省职业技能鉴定质量管理先进单位荣誉，多次被评为“冶金行业职业技能鉴定先进单位”以及云南省“双十佳职业技能鉴定先进单位”。

获得的部分资质、荣誉

三、提升阶段（2022 年至今）

2022 年，应昆钢公司转型升级发展需要，学校不再承担昆钢党校、昆钢职业技能培训中心职能，连同冶金行业特有工种职业技能鉴定 54 站、云南省第 127 职业技能鉴定所、昆钢职业（技能）培训站等一系列重要资质，全部交还昆钢公司，预示学校的培训工作将站在全新的起点上，迎来崭新的挑战与发展机遇。

面对转型升级的关键时刻，学校深谙“变则通，通则久”的道理，应时而动，及时转变培训工作重心，多方位促进文化、教育和产业联合，积极探索协调培训教育、产业要素、课堂教学和生产实践匹配，深化产教融合，推进区教融通。

2022 年 11 月，获得首批冶金行业职业能力评价机构资质

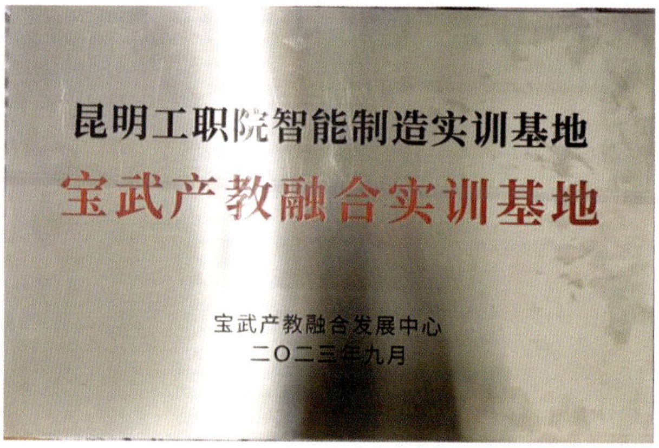

2023 年，获得宝武产教融合实训基地资质

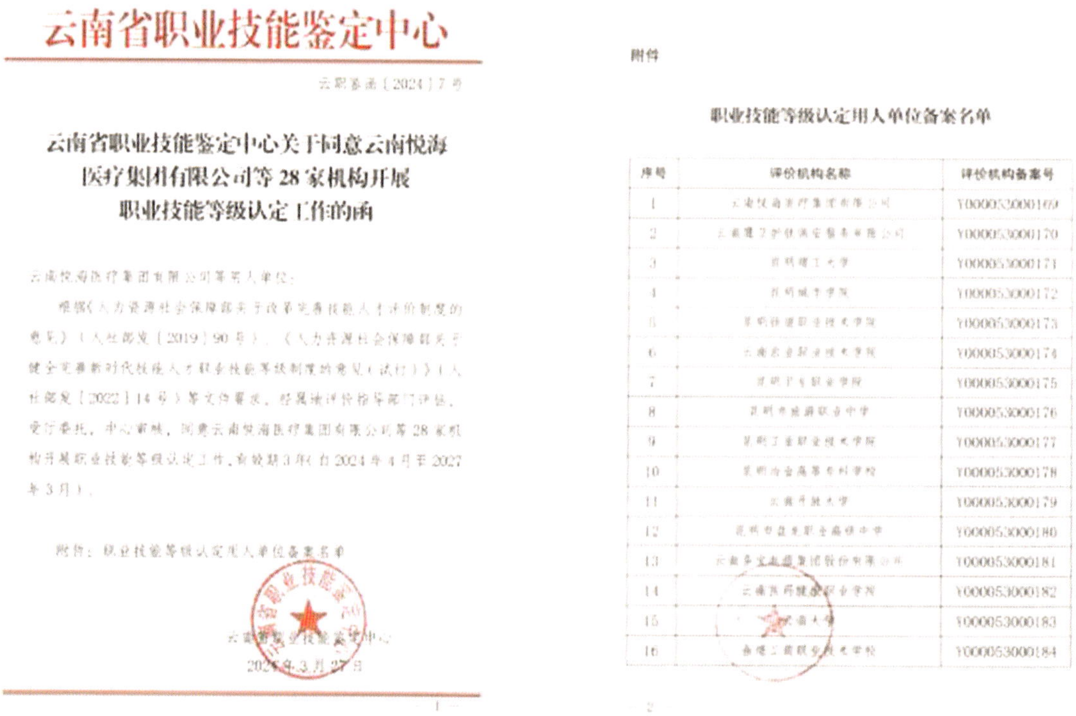

云南省职业技能鉴定中心

云职鉴函〔2024〕7 号

云南省职业技能鉴定中心关于同意云南悦海医疗集团有限公司等 28 家机构开展职业技能等级认定工作的函

云南悦海医疗集团有限公司等有关单位：

根据《人力资源社会保障部关于改革完善技能人才评价制度的意见》（人社部发〔2019〕90 号）、《人力资源社会保障部关于健全完善新时代技能人才职业技能等级制度的意见（试行）》（人社部发〔2022〕14 号）等文件要求，经属地评价指导部门评估、受托委托，中心审核，同意云南悦海医疗集团有限公司等 28 家机构开展职业技能等级认定工作，有效期 3 年（自 2024 年 4 月至 2027 年 3 月）。

附件：职业技能等级认定用人单位备案名单

云南省职业技能鉴定中心

2024 年 3 月 27 日

— 1 —

附件

职业技能等级认定用人单位备案名单

序号	评价机构名称	评价机构备案号
1	云南悦海医疗集团有限公司	Y000053000169
2	[illegible]	Y000053000170
3	昆明理工大学	Y000053000171
4	昆明城市学院	Y000053000172
5	昆明铁道职业技术学院	Y000053000173
6	云南农业职业技术学院	Y000053000174
7	昆明卫生职业学院	Y000053000175
8	昆明市旅游职业中学	Y000053000176
9	昆明工业职业技术学院	Y000053000177
10	昆明冶金高等专科学校	Y000053000178
11	云南民族大学	Y000053000179
12	昆明市盘龙职业高级中学	Y000053000180
13	[illegible]	Y000053000181
14	[illegible]	Y000053000182
15	云南大学	Y000053000183
16	[illegible]	Y000053000184

— 2 —

2024 年 3 月，顺利获批云南省职业技能等级认定 177 站点一是传承历史底蕴、紧跟改革步伐，持续加强社会服务力度。一方面，在昆钢公司转型升级和学校体制机制转换的重要历史时期，学校结合昆钢及区域相关企业人才培训需求，将职工培训重点由党建管理技术类培训转换到开展特种作业、特种设备取证培训等安全生产技术培训、职业技能类培训及企业新型学徒培训、职工转岗培训等各类培训。另一方面，积极申报新资质，2022年11月，获批全国首批冶金行业职业能力自主评价站资质；2023年9月，获得宝武产教融合发展中心“宝武产教融合实训基地”(智能制造实训基地)资质；2024年3月，顺利获批省职业技能等级认定177站点，构建了多元化的培训教育体系和可靠的教育培训平台。

2022—2024年，组织的部分培训、考试项目

二是加强培训体系建设、提升服务水平，“软硬件”建设双管齐下。学校积极推动培训场地建设及设施设备升级工作，完成并不断优化培训食堂建设、培训教室升级及设施设备购置工作，改善培训环境，提高学员培训体验。融会不同渠道师资实力，形成动态管理师资智库，师资库建设以外部聘用和院校培养相结合为基础，以学校现有师资为主体，吸引行业企业专家、高校教师、高技能人才等德技并修的专兼职教师，组建实力强硬、知识丰富的师资团队。拓展培训组织形式，坚持“线上+线下”相融合、校内固定教学办班与送教上门办班相结合，“晚上培训+周末培训+集中培训”结合等模式，充分利用典型安全生产案例等多种培训课堂组织方式进行教学，实现人人可学、时时可学、处处可学。

部分对外培训项目

三是主动联系，积极拓展外部市场。为深化产教融合、加强区域企业合作，学校一方面充分发挥资源优势，积极到玉溪、楚雄、曲靖等周边地区企业进行走访，就提供培训服务、企业自主认定和技能人才培养等方面与相关单位人力资源、安全环保等部门负责人和分管领导进行交流推介。另一方面，全力推动“校、政、企”三方共建、合力育人，成立“校地共建”社区学院、老年大学、大学生创新创业实践基地和“校校共建”综合劳动实践教育基地及职业启蒙教育基地，三方在联合党建、志愿服务、社区教育、优势资源共享等方面开展合作，不断拓展培训业务半径、延伸服务对象范围，提供优质的教育资源、开展优质的培训服务，充分提升学校的社会服务水平。

“校地共建”签约揭牌仪式

目前，学校承接的培训项目已拓展至昆明云能化工有限公司、昆钢医院、玉溪汇溪金属铸造制品有限公司、玉溪汇溪钢铁有限公司、玉溪穆光工贸有限公司、玉溪玉昆钢铁有限公司、曲靖扬钢冶金科技有限公司、曲靖双友钢铁有限公司、曲靖呈钢、曲靖鑫创科技有限公司、师宗沃莱迪金属材料有限公司、欧冶工业品股份有限公司、云南志熔激光技术有限公司等周边单位，培训人数近 1000 人次。

部分对外培训项目

2023 年，组织云南省内教师可编程控制器系统应用编程职业技能等级证书培训班 1 期、工业机器人应用编程职业技能等级证书“华数”师资能力提升培训班 1 期。昭通职业学院教师技能交流培训 1 期；承接云南大学承办的西藏自治区职业院校教师素质提高计划物流管理项目物流专业授课及物流标杆企业 15 人次参访研学、四川省 2023 年度职教“素提计划”公共基础课教学能力培训 1 期部分课程。完成与安宁市金方街道办的社区学院、老年大学、大学生创新创业实践基地签约、挂牌活动，成立安宁市昆钢实验学校综合劳动实践基地，目前已开展 2 次昆钢实验学校师生实训基地观摩学习活动、1 次昆钢实验学校综合劳动实践教育活动、2 次社区“智慧助老”培训项目、1 次“联合主办”暑期公益课堂培训班，参与人数超过 1000 人次。

2022—2024 年（截至 11 月中旬），学校共组织、承接各类培训、鉴定及考试 779 期（场），共计 68806 人次，年均 23000 人次。包括：职工党建管理技术类培训 60 期 26564 人次（含线上培训）、安全生产类培训 320 期 16365 人次、职业技能类培训 49 期 2526 人次（含继续组织的长期项目）、学生培训 9 期 4089 人次（含继续组织的长期项目）及其他社会培训 8 期 867 人次；各类鉴定及考试 333 期（场）18395 人次。

部分“校地共建”“校校共建”活动

未来，学校将以更加开放的姿态，迎接每一个挑战，抓住每一次机遇，充分发挥自身特色和优势，以培训工作为抓手，为推动地方经济转型、助力产业升级、服务国家战略贡献智慧与力量。

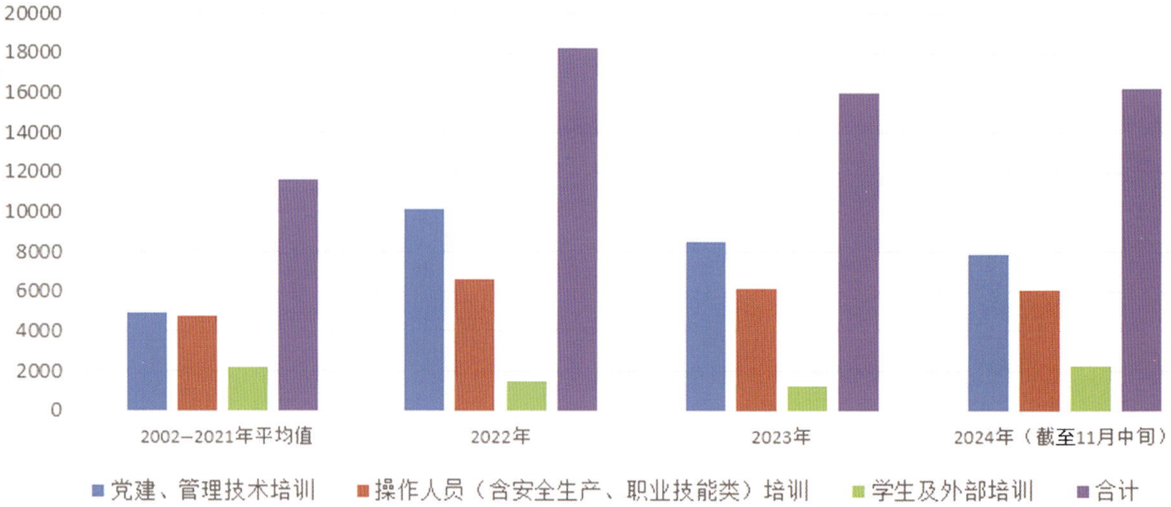

昆明工业职业技术学院培训人次统计（2022—2024）

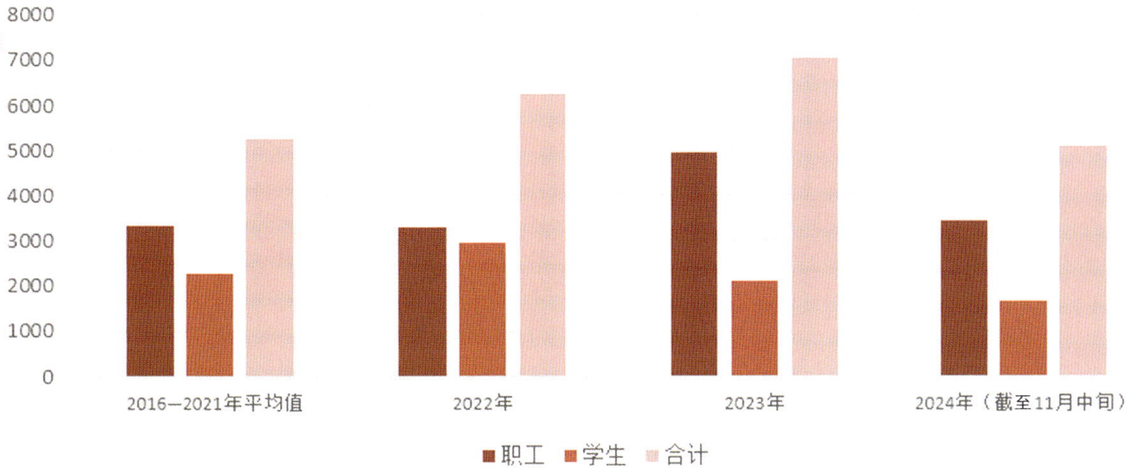

昆明工业职业技术学院鉴定及考试人次（2022—2024）

（撰稿：骆潇，审核：李尚华）

国际交流

学校立足服务国家“一带一路”倡议和云南“面向南亚东南亚辐射中心”建设，一直以来不断坚持推进和深化对外国际交流合作，坚持“围绕中心、服务大局、兼容并蓄、提升水平、内涵发展、平等合作、保障安全”的原则，不断推进学校国际化进程，提升国际合作交流层次，完善国际化人才培养体系，提高师资队伍国际化水平。

“多元合作”，推进学校国际化进程。2017年1月，学校作为首批院校加入中国澜沧江—湄公河流域职业教育联盟，至今已连续三届担任常务理事单位。2022年10月，学校受邀加入鲁班工坊建设联盟。其间，学校携手澜湄合作联盟、鲁班工坊建设联盟，以“互利合作、资源共享、共同发展”为基础，与南亚、东南亚沿线国家和地点30余个学校和企业建立了实质性交流，并签订了4项合作框架协议；以联盟平台为依托，加强优质教学资源引进，引入借鉴国际专业教学标准3项，引进国外优质网络课程3门；因时制宜，深化教育教学改革，主动为南亚、东南亚国家提供人才支撑，加强南亚、东南亚语种人才培养，动态开设有老挝语、泰语、越南语等语言课程，不断加快南亚、东南亚语种人才培养进程。

2008年4月，老挝万象市长到学校参观考察

2010 年 6 月 8 日，昆明工业职业技术学院与澳大利亚国际教育集团合作办学签字仪式

2012 年，越南钢铁股份总公司代表团到学校参观

2017 年 5 月 24 日，中共云南省委教育工委常务副书记李炳泽在澜沧江—湄公河职业教育联盟成立大会上为学校担任第一届常务理事单位授牌

2023 年，泰国上议院教育委员会副主席到学校考察交流

2024 年，第五届澜沧江—湄公河职业教育联盟圆桌会议，学校连续五届担任联盟常务理事单位

实施“走出去”，提升学校国际化视野。学校致力于培养具有国际视野和创新思维的师资队伍。近十年来，陆续选派了学校骨干管理和教学人员赴美国、意大利、法国、德国、丹麦、瑞典、新西兰、澳大利亚、加拿大、印度、泰国、印度尼西亚等国家进行研修培训；学校积极践行汉语国际推广，1 名教师通过孔子学院总部（国家汉办）外派教师选拔，被选拔赴美国孔子学院从事汉语教师志愿者工作。截至目前，学校具有海外研修经历的教职员工占全校教职工人数的 13.4%，具备海外学历教职员工占 3%。

2012 年 12 月，学校代表赴德国、意大利和法国进行职业教育考察

2013 年 5 月，公司及学校领导参加中国教育欧洲行

2013 年 11 月，学校考察组 6 人到德国威斯特法伦，考察德国北莱茵州职业教育管理机构——北莱茵州工商协会

学校2014届机电设备维修与管理专业学生赵燕海，在学校资助下到美国威奇托航空技术学院学习航空维修技术

利用“借船出海”，扩展学校国际影响力。近年来，学校依托主办单位昆钢公司的国际化产业发展契机，利用校企一体的优势，紧紧抓住国内外产业转移和国家振兴装备制造业机遇，依托昆钢公司和越南、老挝、缅甸、柬埔寨、孟加拉国开展的项目，主动出击，积极探索毕业生海外就业新渠道，分多批次前往南亚、东南亚国家实地考察优秀企业。截至目前，已有100余名学校毕业生前往南亚、东南亚国家稳定就业，毕业生综合素质获外方企业高度评价，并与相关企业建立了长期人才委托培养机制。

中国宝武一线员工全员培训“国际化拓展班”

开展“建标准”，打开国际合作新局面。学校抢抓作为国家首批“双高计划”建设契机，积极响应国家关于教育国际化的政策和倡议，通过澜湄合作，充分发挥学校资源优势及专业特色，主动与老挝相关部门深入合作，牵头国内相关院校、行业承担了老挝智能物流技术专业（IVET3 和 IVET4）和冶金、矿业及加工技术员（IVET-4）专业教学标准的制定，并获老挝教育与体育职业教育发展研究院授予的“老挝职业标准开发优秀建设单位”称号。同时，也培养了一批具备国际竞争力的职业教育人才，为学校的职业教育国际化事业注入了新的活力，并构建了一套完善的标准化机制。

老挝职业标准开发优秀建设单位

实行“合资源”，丰富国际人才培养新内涵。学校充分发挥“127 技能鉴定站”和“冶金行业 54 所”的资质，有针对性地开展专业培训、技术培训等不同类型的国际服务工作，为南亚、东南亚国家和昆钢集团参与“一带一路”倡议提供人才支撑，培养了多批次具有国际视野的国际人才。截至目前，已完成超过 200 人次的国内外技术技能人才的相关涉外培训。学校通过与国际知名高校、研究服务机构建立合作关系，积极组织各项交流互访活动和线上师资培训、学术研讨活动，不断增强学校师资队伍国际化教学科研及学术能力和跨文化交流能力；同时鼓励教师和学生积极参与国际化合作项目和相关竞赛，并获得优秀成绩。

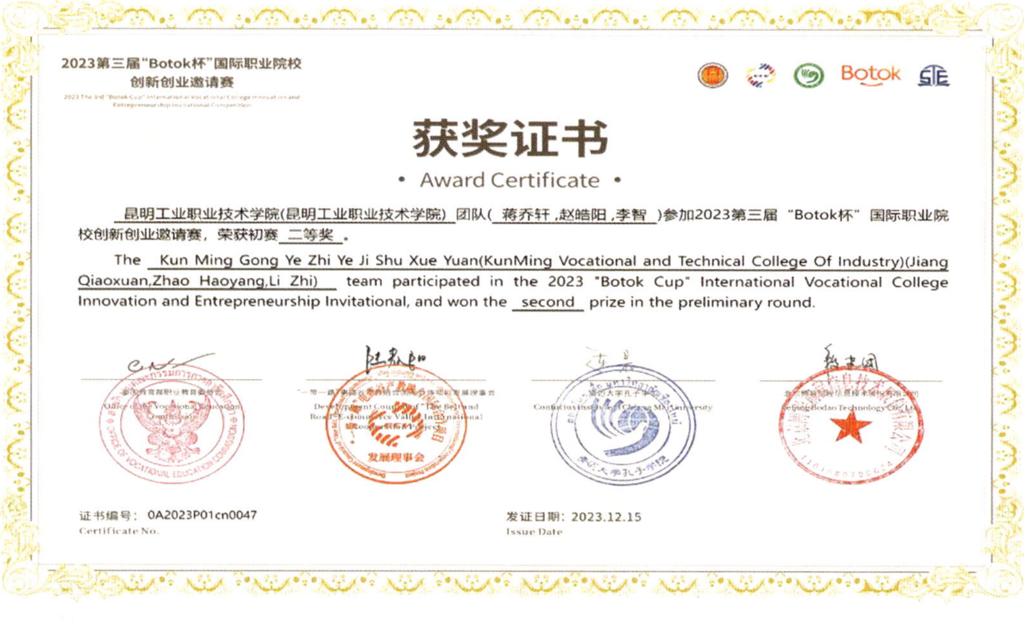

2023 年第三届“Botok 杯”国际职业院校创新创业邀请赛获奖证书

2010 年 9 月 18 日，老挝钢铁有限公司留学培训班共 65 人，在学院开班

展望未来，学校将紧密围绕把云南建设成为“面向南亚东南亚辐射中心”的战略目标，坚持以澜湄共建国家合作和校企一体办学优势为抓手，积极响应国家关于高等教育服务国家“一带一路”倡议，以长期以来不断夯实积累的办学优势为着力点，积极探索实践国际化和国际影响力提升路径，从泛泛的“多元合作”到精准的“深化合作”，从主动的“走出去”到受邀的“请出去”，从背靠企业的“借船出海”到以我为主的“造船出海”。

一是“乘势而上”。深度融入共建“一带一路”大格局，打造昆明工业职业技术学院国际化新品牌，构建内外联动、双向互济的国际化开放新格局，充分发挥学校 70 年职业教育的独特优势，聚焦“质量”“特色”“创新”，提质增效，完善交流合作机制，书写好国际教育交流合作这篇“大文章”。

二是坚持创新驱动。结合学校办学实际和学科特色、优势，紧贴国家经济社会发展与学校国际化建设需求，加强国际化人才队伍培养，建立健全面向国际化的工作体制机制，做好国际合作“引领者”。

三是创建合作新模式。推动实施以学校为主、主动开放的国际交流合作升级版。深化“一带一路”共建国家高水平大学高层次合作，构建深度互动的国际合作网络；巩固扩展与境外相关单位合作办学项目，打造高质量学生国际合作交流项目，提升国际化人才培养水平；推动国际交流合作项目创新，持续推动国际职业标准制定，不断提升国际影响力。

（撰稿：苏晨，审核：梅晓芳）

未来展望

学校将以《教育强国建设规划纲要（2024—2035年）》为指导，对接教育强国战略、云南省发展战略，有效支撑和服务省域经济发展，充分发挥“校企一体”办学优势，探索创新国企办学新模式，秉承产教融合高质量，彰显办学能力高水平。以“新空间、新层次、新融合、新培训”四新目标为统领，通过5～10年的发展建设，使学校综合办学能力得到显著提高，打造成为特色鲜明、西南领先、国内一流、南亚东南亚知名的中国特色高水平高职学校。

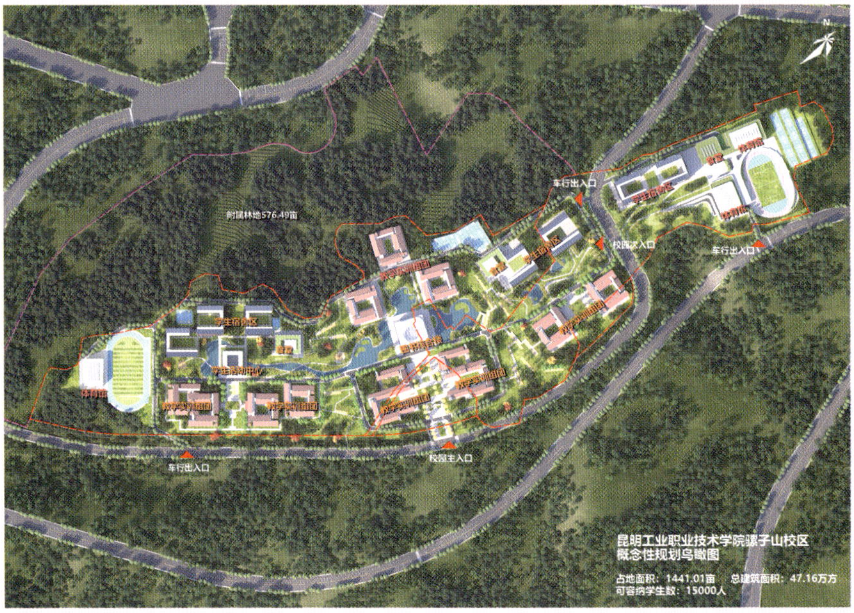

（撰稿：邹宇，审核：胡一多）

昆明工业职业技术学院之歌

（合唱）

集　体词
陈应祥曲

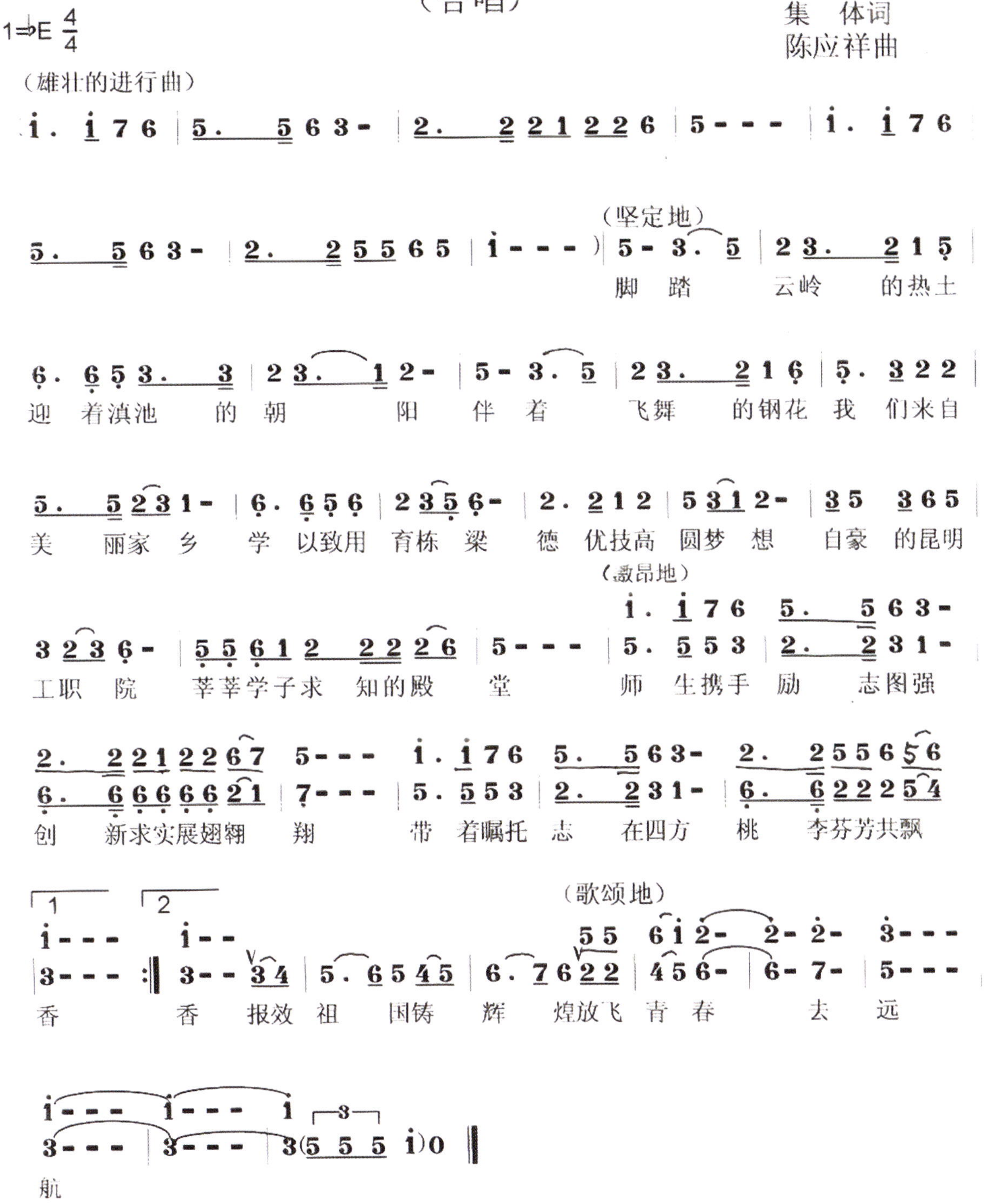

匠心词话

1=♭E 4/4

郭燕琼（老师）　词
合子敬（学生）　曲

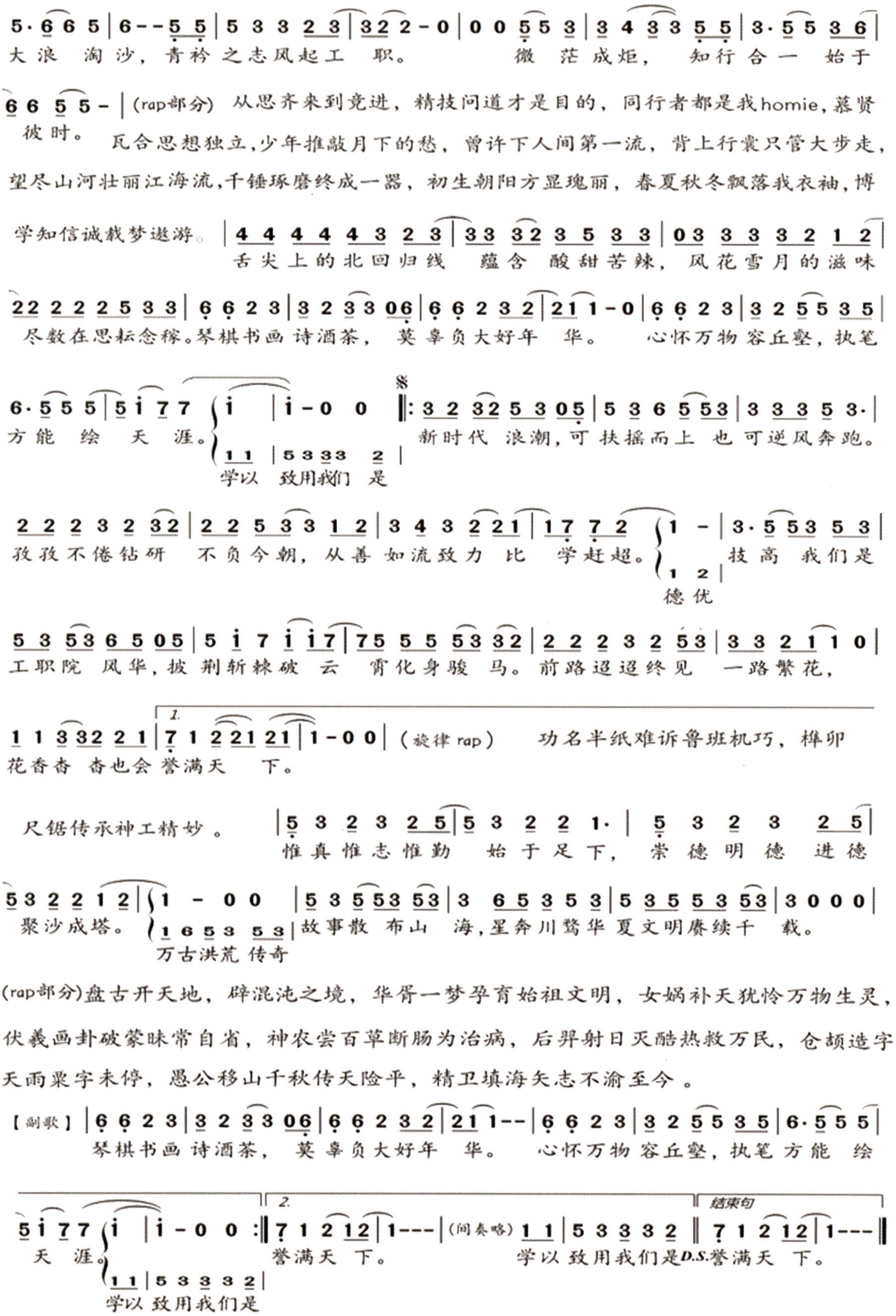